Karin Meyer-Götz & Dr. Heinrich Meyer-Götz

Das Vorsorge Buch

Von:

Name, Vorname

Name, Vorname

Vorwort

Liebe Leserinnen und Leser,

Sie haben das VorsorgeBuch erworben – eine gute, weil verantwortungsbewusste Entscheidung! Gedanken an Zukunftsrisiken blenden ja viele gern aus. Verständlich! Aber plötzlich ist der Schock da: Eine schwere Krankheit tritt ein, ein Unfall oder gar der Tod.

Wenn es dann drängt, liegt im VorsorgeBuch alles bereit: Daten, Vollmachten und umfassende Informationen zur Person – u. a. auch schriftlich fixierte Entscheidungen zu Fragen wie: Wer soll mich im Ernstfall rechtlich vertreten, wer erbt was, möchte ich die Organspende, die Sterbehilfe? – usw. Werden diese Dinge nicht beizeiten geklärt, geht in einer solchen Krisensituation oft die Suche nach den wichtigen Papieren und Dokumenten los – und die Lage kann für die ohnehin überforderten Angehörigen schnell zum Alptraum geraten.

Dem können Sie – angeleitet durch das VorsorgeBuch – vorbeugen: Nach Sachinformationen zu wichtigen Fragen der „Immateriellen Lebensvorsorge" im ersten Kapitel werden im zweiten verschiedenste Angaben zu den persönlichen Verhältnissen und Vermögenswerten zusammengefasst. Die beiden übrigen Hauptabschnitte enthalten die gesammelten Leitfäden, Checklisten und rechtlich geprüften Verfügungen im Hinblick auf den schweren Krankheits- oder den Todesfall.

An mehreren Stellen des VorsorgeBuchs legen wir Ihnen nahe, in Detailfragen anwaltlichen bzw. notariellen Rat einzuholen. Dazu der Hinweis, dass die Gebührenordnung der Rechtsanwälte (BRAGO) inzwischen kostengünstige Erstberatungen vorsieht sowie die Möglichkeit, mit dem Anwalt Stundenhonorare zu vereinbaren.

Etwas zum Thema Erbschaft: Schon viele Familien sind wegen Erbstreitigkeiten auseinandergebrochen. Diese Gefahr lässt sich zwar nicht gänzlich bannen, doch neben einem gültigen, klar abgefassten Testament kann man Meinungsverschiedenheiten unter den Erben mit einem weiteren Mittel begegnen:

Die Deutsche Schiedsgerichtsbarkeit für Erbstreitigkeiten (DSE) bietet einen praktikablen, außergerichtlichen Einigungsweg für die Verteilung auch hoher Vermögenswerte an. Das bedeutet: Vollstreckbarer Schiedsspruch am Ende der Verhandlung, kein teurer, langwieriger Weg durch die Instanzen, keine Ermittlung von Amts wegen bei sensiblen Finanzfragen sowie Ausschluss der Öffentlichkeit. Es empfiehlt sich von daher, die entsprechende Schiedsvereinbarung (s. S. 166) in die testamentarischen Verfügungen aufzunehmen.

Schließlich unsere Bitte an Sie: Nehmen Sie sich die Zeit und füllen Sie Ihr VorsorgeBuch – ggf. mit Ihrem Partner und Ihren Kindern – gewissenhaft aus. Danach haben Sie die wichtigsten Angelegenheiten Ihrer Familie geregelt und können das VorsorgeBuch beruhigt zur Seite legen. Aber an einen Ort, an dem es im Fall der Fälle auch auffindbar ist! Denn nur so können Ihre Wünsche und Entscheidungen dann auch umgesetzt werden.

Ihre Autoren

RA Dr. Heinrich Meyer-Götz
RA Karin Meyer-Götz,
Fachanwältin für Familien- und Steuerrecht
www.meyer-goetz.de

Postfach 100161 ▪ 68001 Mannheim ▪ Telefon 0621/862600 ▪ Telefax 0621/862609
www.akademische.de und MEGO Internetverlag GmbH, Dresden

Druck: pva, Druck- und Medien-Dienstleistungen GmbH, Landau/Pfalz

ISBN 3-922146-18-X

Inhaltsverzeichnis

** in 5-facher Ausfertigung*

I Informationen zur Immateriellen Lebensvorsorge

Einführung in den Problemkreis

Mit dem VorsorgeBuch haben Sie einen Leitfaden an der Hand, der Sie auf verschiedene Weise bei der Regelung Ihrer persönlichen Verhältnisse zuverlässig begleiten wird. Dieses Buch hilft in entscheidender Weise nicht nur Ihnen selbst, sondern zugleich den Angehörigen oder sonstigen nahestehenden Personen, die in Situationen von Krankheit und Tod die persönlichen Verhältnisse für einen anderen Menschen regeln müssen.

—

Auch wenn die persönlichen Akten stets akkurat geführt werden – das VorsorgeBuch vermittelt dem Außenstehenden **eine Art „Vogelperspektive“,** die ihn in kürzester Zeit alle relevanten Vorgänge (Vermögens-, Versicherungs- und Steuerangelegenheiten etc.) übersehen lässt.

—

Diese **Transparenz kann** sowohl für den Betroffenen als auch für die Menschen, die Ihnen am Herzen liegen, **von größter Bedeutung sein.** In Zeiten körperlicher und geistiger Gesundheit sollte alles fürsorglich und aufs Beste geregelt werden. **Stellen Sie sicher, dass auch in Krisensituationen Ihr Wille zum Tragen kommt.**

—

Dies gilt für die äußeren, materiellen Belange, ist jedoch ebenso bei den Aspekten der Immateriellen Lebensvorsorge unerlässlich. Hierzu zählen insbesondere die Problemsituationen aus dem medizinischen Bereich. Um nur ein Beispiel für die **Dringlichkeit einer individuellen Regelung** zu nennen: Wie viele ältere Patienten gibt es, deren Haltung zur intensivmedizinischen Therapie nicht mehr ermittelbar ist. Unzählige Menschen werden so zum Gegenstand umfangreicher und endloser ärztlicher Bemühungen, obwohl sie im Zweifel längst gerne im Frieden gestorben wären.

—

Ob in „handfesten“ oder in sensiblen Angelegenheiten – es ist notwendig, dass Sie im vorhinein **Helfer bestimmen, die,** wenn es soweit ist, **das von Ihnen Gewollte auch umsetzen.** Viele wissen sich hier im Vertrauen auf den Partner, die Kinder oder die Eltern geborgen. Dennoch bedarf es in den meisten Situationen einer juristisch einwandfreien Vorgehensweise.

—

Anders als in vielen Kulturen der Dritten Welt geht der Versorgungsbedarf in der Industriegesellschaft weit über die schlichten Grundbedürfnisse wie der Ernährung und dem „Dach über dem Kopf“ hinaus. So hatte der Gesetzgeber das oft **schwierige Geflecht** von wirtschaftlichen, gesellschaftlichen und sonstigen **Interessen des Einzelnen** im Blick, als er die Möglichkeit, im Notfall für den anderen rechtswirksam zu handeln, selbst im innersten Familienkreis deutlich begrenzt hat:

—

Zum einen nämlich wären in zahlreichen Fällen die betroffenen Verwandten mit der Problematik überfordert. Nicht selten ist aber auch die menschliche Vertrauensbasis durch bestimmte Ereignisse weggebrochen oder es fehlen schlichtweg die Familienteile, die im Zweifel die wichtigen Entscheidungen und Maßnahmen treffen müssten.

—

Wer dennoch möchte, dass die engsten Verwandten oder nahestehende Menschen im Fall der Fälle das Ruder in die Hand nehmen sollen und nicht völlig fremde, per Gesetz und Gericht bestellte Personen, muss dies **schriftlich niederlegen.** Solche Dokumente – Vollmachten und/ oder Verfügungen – haben gewissen gesetzlichen Kriterien zu genügen. Geht es etwa um weittragende Festlegungen bei medizinischen Problemen wie z. B. um die Frage der Organspende, dann muss die betreffende Vollmacht diesen Entscheidungsumfang ausdrücklich enthalten.
Im folgenden werden die in diesem Zusammenhang wichtigsten, an uns immer wieder gerichteten Fragen beantwortet.

I Informationen zur immateriellen Lebensvorsorge

Häufig gestellte Fragen zu Rechtsvollmachten und Verfügungen

Welche Rechte haben die Angehörigen, insbesondere die Ehepartner oder die gemeinsamen Kinder?

Nach dem Bürgerlichen Gesetzbuch (BGB) haben nur Eltern ihren minderjährigen Kindern gegenüber ein umfassendes Sorgerecht, also die Befugnis zur Entscheidung und Vertretung in allen Angelegenheiten. Für ein volljähriges Kind können die Eltern nur noch auf zweierlei Weise Entscheidungen fällen oder rechtsverbindliche Erklärungen abgeben: Entweder aufgrund einer sogenannte rechtsgeschäftlichen Vollmacht oder wenn die Eltern gerichtlich bestellte Betreuer sind.

Was spricht dafür, eine Vorsorgevollmacht rechtsverbindlich auszufertigen?

Mit der Vorsorgevollmacht können Sie eine oder mehrere Personen Ihres Vertrauens benennen, die bereit sind, für Sie im Bedarfsfall zu handeln. Sie haben somit die Möglichkeit, Ihren individuellen Wünschen und Bedürfnissen Ausdruck zu verleihen sowie zusätzliche Anweisungen zu geben, wie Ihre persönlichen Angelegenheiten geregelt werden sollen. Wir raten deshalb an, die gewünschten und benannten Bevollmächtigten über ihre Benennung zu informieren und sie bereits bei der Erstellung der Vollmacht hinzuzuziehen.

Genügt nicht eine Generalvollmacht zur Regelung aller Angelegenheiten?

Eine Generalvollmacht kann zwar dem Wortlaut nach zur Vertretung in allen Angelegenheiten ermächtigen. Mehrere wichtige Fälle werden davon jedoch nicht abgedeckt: Das BGB verlangt eine ausdrückliche Bevollmächtigung, wenn einer ärztlichen Untersuchung zugestimmt werden soll, bzw. einer Heilbehandlung oder einem medizinischen Eingriff, wenn hierbei Lebensgefahr besteht (etwa bei einer Herzoperation) oder eine schwere, nachhaltige Gesundheitsschädigung zu erwarten ist (z. B. bei einer Amputation). Ferner soll der Bevollmächtigte - zum Schutz des Vollmachtgebers - zu einer geschlossenen Unterbringung oder einer anderen freiheitsbeschränkenden Maßnahme (etwa ein Bettgitter) nur einwilligen können, wenn dieser Entscheidungsumfang in der schriftlichen Vollmacht konkret genannt ist. Gleiches gilt bei der Frage einer Organspende. Weil also eine Generalvollmacht in den oben aufgeführten, wichtigen Situationen wegen der fehlenden Rechtswirksamkeit ihren Zweck nicht erfüllt, haben wir mit aller Sorgfalt die speziellen Vorsorgevollmachten, Patientenverfügungen und Betreuungsvollmachten für Sie vorbereitet.

Was bewirkt eigentlich eine Patientenverfügung?

Mit der Patientenverfügung können Sie Entscheidungen treffen für die klinische Behandlung in der letzten Lebensphase oder für die Pflege bei schwerster und aussichtsloser Erkrankung, und damit auch eine Vollmacht für den medizinische Bereich erteilen. Eine rechtswirksame Patientenverfügung muss von den behandelnden Ärzten beachtet werden. Deshalb ist es wichtig, dass diese Vollmacht schriftlich niederlegt ist und von Zeugen bestätigt wird, dass Sie bei Abfassen dieser Verfügung bei klarem Verstande, also „geschäftsfähig" waren. Die handschriftliche Form ist dabei nicht zwingend vorgeschrieben, es reicht aus, wenn Sie die vorbereitete Verfügung ausfüllen und mit Ihrer eigenhändigen Unterschrift versehen. Damit den Ärzten auch nachgewiesen werden kann, dass zum Zeitpunkt der Entscheidung die von Ihnen verfasste Patientenverfügung noch von Ihrem Willen abgedeckt ist, raten wir an, Ihre eigenhändige Unterschrift in Abständen von ca. 2 Jahren zu erneuern und diese Unterschrift ebenfalls durch einen Zeugen bestätigen zu lassen. Je aktueller die Verfügung bezeugt wurde, desto zweifelsfreier darf sich der Arzt nach ihrem Inhalt richten.

I Informationen zur Immateriellen Lebensvorsorge

Wie verhält es sich demgegenüber mit der Betreuungsverfügung?

Die Betreuungsverfügung leitet sich aus § 1901 a BGB ab. Hier handelt auch jemand an Ihrer Stelle, jedoch unter weitergehender gerichtlicher Kontrolle. So muss zwar das Vormundschaftsgericht die von Ihnen benannte Person bestellen, jedoch bei schwerwiegenden Maßnahmen wie z. B. bei einem Behandlungsabbruch die dafür notwendige Genehmigung erteilen.
In jedem Fall sollte sich Ihre Betreuungsverfügung auf eine Person Ihres Vertrauens beziehen. Bitte bedenken Sie dabei, dass es oft auch von einem entschiedenen Auftreten abhängt, ob sich Ihre Rechte gegenüber Ärzten und Behörden durchsetzen lassen. Wir empfehlen deshalb, als Betreuer jüngere Personen zu benennen, die solchen Anforderungen aller Voraussicht nach am ehesten gewachsen sind.

Braucht man zusätzlich noch eine Vorsorgevollmacht?

Die Antwort heißt ja! Die Vorsorgevollmacht beruht auf § 1896 Absatz 2, Satz 2 BGB und bevollmächtigt die benannte Person Ihres Vertrauens im Falle eigener Entscheidungs- und Handlungsunfähigkeit für den Vollmachtsgeber rechtswirksam zu handeln. Die Vorsorgevollmacht ergänzt deshalb die Patientenverfügung in wirtschaftlicher Hinsicht! Die Mitwirkung des Vormundschaftsgerichtes entfällt dabei in der Regel. Grundsätzlich ist es ausreichend, wenn die hinten abgedruckte Vorsorgevollmacht eigenhändig unterschrieben wird. Die Unterschrift sollte jedoch alle zwei Jahre erneuert werden, damit daraus die aktuelle Willenslage abgeleitet werden kann. Die Unterschrift und somit der Vollbesitz der geistigen Kräfte des Vollmachtgebers ist dabei jeweils von einem Zeugen zu bestätigen. Wenn auch über Grundstücke verfügt werden soll, ist die notarielle Beurkundung der Vollmacht (wichtig: genaue Kennzeichnung der Grundstücke im Lageplan) notwendig.

Wo kann ich die wichtigen Verfügungen und Vollmachten aufbewahren?

Weil dem jeweiligen Adressaten die Vollmachten im Original vorgelegt werden müssen, sind diese Dokumente unbedingt an einem dem Bevollmächtigten bekannten und zugänglichen Ort aufzubewahren. In Frage kommen hier Ihr Schreibtisch, Ihre persönlichen Unterlagen, aber auch das Bankschließfach oder ein Beratungsakte bei dem Anwalt Ihres Vertrauens.
Erhält der (vertrauenswürdige!) Bevollmächtigte hingegen die Vollmacht gleich nach ihrer Erstellung, so nur unter der Maßgabe, dass er davon erst beim Eintritt bestimmter Bedingungen Gebrauch macht. Sollte der Bevollmächtigte die Vollmacht absprachewidrig verwenden, dürfen Sie jederzeit die Vollmacht widerrufen und ggf. Schadenersatz fordern. Denkbar ist auch die treuhänderische Verwahrung der Vollmacht durch eine weitere Vertrauensperson, die sie dem Bevollmächtigten im Bedarfsfall aushändigt. Bei einer Betreuungsvollmacht kann überdies eine Kopie der Vollmachtsurkunde beim zuständigen Vormundschaftsgericht hinterlegt werden. Das Gericht ist damit über Ihre Interessenlage informiert und die Einsetzung eines Ihnen fremden Betreuers entbehrlich.

Ab wann und wie lange gelten die Vollmachten?

Die Vollmacht gilt im Außenverhältnis – also zwischen dem Bevollmächtigten und Dritten - ab dem Zeitpunkt der Ausstellung. Wenn Sie die Vollmacht widerrufen wollen, können Sie den Bevollmächtigten in dem Formular streichen und durch eine andere Person Ihres Vertrauens ersetzen. Sofern Sie die Vollmachtsurkunde einem Bevollmächtigten bereits übergeben haben, muss bei Widerruf die ausgehändigte Vollmacht zurückverlangt werden.

Ich denke ständig
an die Zukunft.
In ihr werde ich den Rest
meines Lebens
verbringen

R. Jungk

Zukunft

II Persönliches

II Persönliches

Persönliche Daten

Titel:

Familienname:

Geburtsname:

Vorname(n):
[Rufnamen bitte unterstreichen]

Adressen:

Erster Wohnsitz:
[mit Telefon- und Telefax-Nr.]

Zweiter Wohnsitz:
[mit Telefon- und Telefax-Nr.]

E-Mail-Adresse:

Passwörter, Zugangscodes, Geheimnummern:
[sind hinterlegt bei]

> Persönliche Geheimdaten von EC-/Kreditkarten, Autoradio, Handy, PC, Laptop sollten entweder im Bankschließfach oder beim Anwalt/Notar in einer Beratungsakte hinterlegt werden. <

Geburtsdatum:

Geburtsort:

Geburtsbundesland:

Geburtsurkunden-Nr.:

Ausstellende Behörde:

Staatsangehörigkeit:

Personalausweis-Nr.:

Ausstellende Behörde:

Reisepass-Nr.:

Ausstellende Behörde:

Beruf:

Persönliche Notizen

II Persönliches

Religionsbekenntnis:

Getauft am:
[in der Kirche]

Zuständige Gemeinde:
[mit Anschrift]

Standesamt:
[mit Anschrift]

Zuständiges Pfarramt:
[mit Anschrift]

Name des Pfarrers:

Pate:
[mit Adresse]

Pate:
[mit Adresse]

Konfirmation am:
[in der Kirche]

Erstkommunion am:
[in der Kirche]

Firmung am:
[in der Kirche]

Jugendweihe am:
[Ort]

Familienstand:

Ort und Tag der Eheschließung:
[standesamtlich/kirchlich]

Zuständige Gemeinde:
[mit Anschrift]

Standesamt:
[mit Anschrift]

Zuständiges Pfarramt:
[mit Anschrift]

Persönliche Notizen

II Persönliches

Name des Pfarrers:

Aufbewahrungsort des Stammbuches:

Güterstand:

[Zugewinngemeinschaft/Gütertrennung/Gütergemeinschaft]
[Zutreffendes bitte eintragen]

Ein Ehevertrag befindet sich:

[Aufbewahrungsort]

Geschieden seit:

Aktenzeichen:

Zuständiges Finanzamt:

[Anschrift]

Steuerberater:

[Anschrift]

Steuer-Nr.:

Rechtsanwalt:

[Anschrift]

Berufliche Situation

Arbeitgeber:

[Anschrift]

Personalbüro:

[Anschrift]

Personal-Nr.:

Selbstständige Tätigkeit:

Ust-Id:

Zuständiges Finanzamt:

Steuer-Nr.:

Persönliche Notizen

II Persönliches

Arbeitslosigkeit

Arbeitsamt:

Kunden-Nr.:

Sozialhilfe

Sozialamt:

Kunden-Nr.:

Angaben zum Gesundheitszustand

Blutgruppe:

Allergien/Unverträglichkeiten:

Lebensnotwendige Medikamente:

Chronische Krankheiten:

Sonstige Angaben:

Persönliche Notizen

II Persönliches

Persönliche Daten des Partners

Titel:

Familienname:

Geburtsname:

Vorname(n):
[Rufname bitte unterstreichen]

Adresse:
[falls abweichend]

E-Mail-Adresse:

Passwörter, Zugangscodes, Geheim-Nr.:
[sind hinterlegt bei]

> Persönliche Geheimdaten von EC-/Kreditkarten, Autoradio, Handy, PC, Laptop sollten entweder im Bankschließfach oder beim Anwalt/Notar in einer Beratungsakte hinterlegt werden. <

Geburtsdatum:

Geburtsort:

Geburtsbundesland:

Geburtsurkunden-Nr.:

Ausstellende Behörde:

Staatsangehörigkeit:

Personalausweis-Nr.:

Ausstellende Behörde:

Reisepass-Nr.:

Ausstellende Behörde:

Beruf:

Persönliche Notizen

II Persönliches

Arbeitgeber:

[Anschrift]

Personalbüro:

[Anschrift]

Personal-Nr.:

Religionsbekenntnis:

Getauft am:

[in der Kirche]

Zuständige Gemeinde:

[mit Anschrift]

Standesamt:

[mit Anschrift]

Zuständiges Pfarramt:

[mit Anschrift]

Name des Pfarrers:

Pate:

[mit Adresse]

Pate:

[mit Adresse]

Konfirmation am:

[in der Kirche]

Erstkommunion am:

[in der Kirche]

Firmung am:

[in der Kirche]

Jugendweihe am:

[Ort]

Berufliche Situation

Arbeitgeber:

[Anschrift]

Persönliche Notizen

II Persönliches

Personalbüro:
[Anschrift]

Personal-Nr.:

Selbständige Tätigkeit:

Ust-Id:

Zuständiges Finanzamt:

Steuer-Nr.:

Arbeitslosigkeit

Arbeitsamt:

Kunden-Nr.:

Sozialhilfe

Sozialamt:

Kunden-Nr.:

Angaben zum Gesundheitszustand

Blutgruppe:

Allergien/Unverträglichkeiten:

Lebensnotwendige Medikamente:

Chronische Krankheiten:

Sonstige Angaben:

Persönliche Notizen

II Persönliches

Ihre Eltern

[Namen, Geburtstage und Anschriften bitte eintragen]

Vater:

Mutter:

Eltern des Partners

[Namen, Geburtstage und Anschriften bitte eintragen]

Vater:

Mutter:

Geschwister/falls verstorben, deren Kinder

[Namen, Geburtstage und Anschriften bitte eintragen]

1.

2.

3.

4.

5.

6.

7.

8.

Persönliche Notizen

II Persönliches

Persönliche Daten der Kinder

Kinder

[Namen, Geburtstage und Anschriften bitte eintragen]

1. ______________________________
2. ______________________________
3. ______________________________
4. ______________________________
5. ______________________________
6. ______________________________

Vormund/Pfleger der Kinder ist

[Namen und Anschriften bitte eintragen]

1. ______________________________
2. ______________________________

Abweichende leibliche Eltern

[Namen und Anschriften bitte eintragen]

1. ______________________________
2. ______________________________

Enkel

[Namen, Geburtstage und Anschriften bitte eintragen]

1. ______________________________
2. ______________________________
3. ______________________________
4. ______________________________
5. ______________________________
6. ______________________________
7. ______________________________

Persönliche Notizen

II Persönliches

Im schweren Krankheits- oder im Todesfall sofort zu benachrichtigende Personen

1.
2.
3.
4.
5.
6.
7.
8.
9.
10.

II Persönliches

Partnerschaftsvertrag

Wir

Name, Vorname ______________________________

Name, Vorname ______________________________

haben beschlossen, zusammenzuleben und einen gemeinsamen Haushalt zu führen. Wir möchten einzelne Bereiche unseres Zusammenlebens wie folgt regeln:

1. Die Partnerschaft kann von jedem von uns zu jedem Zeitpunkt ohne Begründung beendet werden. Die Partnerschaft wird als beendigt angesehen, wenn einer der Partner aus der gemeinsamen Wohnung auszieht.

2. Wir haben die Wohnung ______________________________ Anschrift) angemietet und sind beide gleichermaßen aus dem Mietvertrag berechtigt und verpflichtet. Für den Fall, dass ein Partner die Wohnung behält, verpflichtet er sich, den anderen Partner ab dem Auszug von den Kosten für Miete, Nebenkosten und anderen mietvertraglichen Nebenverpflichtungen freizustellen und diese alleine zu tragen. Der in der Wohnung verbleibende Partner zahlt an den Ausziehenden den von diesem erbrachten Anteil der Mietkaution innerhalb von 4 Wochen nach Auszug.

3. Jeder behält die in die Gemeinschaft eingebrachten Vermögensgegenstände in seinem Alleineigentum. Diese Gegenstände sind in einer beigefügten Anlage bezeichnet. Die während der Partnerschaft gemeinsam angeschafften Gegenstände sind ebenfalls in der beigefügten Teilungsvereinbarung festgehalten. In dieser Vereinbarung ist weiter geregelt, welcher Partner im Falle einer Trennung welchen Gegenstand erhalten soll bzw. welche Ausgleichszahlungen erfolgen sollen.

4. Die Partner beschließen, den Haushalt gemeinsam zu führen. Alle anfallenden Lebenshaltungskosten inkl. Miete und Nebenkosten, Strom, Telefon- und Reinigungskosten etc. werden zwischen uns hälftig geteilt. Zur Deckung dieser Kosten verpflichtet sich jeder, monatlich im Voraus bis zum 3. eines jeden Monats jeweils __________ DM auf das gemeinsame Oderkonto Nr. __________ bei der Bank ______________ BLZ ______________ einzuzahlen.

5. Während der Dauer der Partnerschaft und auch nach deren Beendigung haben wir uns vertraglich verpflichtet, soweit keine anderen Feststellungen getroffen wurden, dass keine gegenseitigen Ansprüche bestehen. Jeder ist verpflichtet, selbst für seinen Unterhalt zu sorgen bzw. die Zahlungen auf das gemeinsam eingerichtete Konto zu leisten. Dies gilt auch im Falle von Krankheit, Arbeitslosigkeit oder im Alter.

6. Alle hiermit getroffenen Vereinbarungen sollen lediglich die Rechte und Pflichten regeln, ohne dass ihnen eine Außenwirkung zukommt. Jeder Partner handelt deshalb im eigenen Namen und auf eigene Rechnung, so dass der andere Partner nicht verpflichtet wird, es sei denn, er tritt der vertraglichen Regelung ausdrücklich bei. Geschäfte für oder gegen den anderen dürfen nur getätigt werden, wenn der andere Partner dem zustimmt oder dafür eine ausdrückliche Vollmacht erteilt.

II Persönliches

7. Für den Fall, dass eine Bestimmung dieser Vereinbarung ungültig oder nichtig sein sollte, gelten die anderen nach wie vor. Hinsichtlich der unwirksamen, nichtigen oder ungültigen Bestimmungen soll versucht werden, im Rahmen einer Auslegung einer der gewählten Bestimmung ähnliche Regelung zu treffen.

Ort, Datum

Unterschrift Unterschrift

Persönliche Notizen

II Persönliches

Zuordnung gemeinsam erworbener Gegenstände

Hinweis:
Diese Vereinbarung sollte ausgefüllt werden, wenn im Rahmen der nichtehelichen Lebensgemeinschaft gemeinsame Güter angeschafft bzw. Verpflichtungen etc. eingegangen werden, damit insbesondere im Todesfall einer der Partner gegenüber Familienangehörigen und potentiellen Erben die entsprechenden Eigentums- bzw. Beteiligungsverhältnisse nachweisen kann.
Mit dieser einfachen Regelung können viele Rechtsstreite vermieden werden.

Wir

____
Name, Vorname

____
Name, Vorname

leben in nichtehelicher Lebensgemeinschaft zusammen.

1. Nachfolgende Gegenstände wurden von

____
Name, Vorname

in die Gemeinschaft eingebracht und stehen in dem alleinigen Eigentum.

____

____

____

____

____

____

____

____

____

____

____

____

II Persönliches

2. Nachfolgende Gegenstände wurden von

Name, Vorname

in die Gemeinschaft eingebracht und stehen im alleinigen Eigentum.

3. Nachfolgende Gegenstände wurden gemeinsam erworben und stehen im gemeinsamen Eigentum beider Partner.

II Persönliches

a) Im Falle einer Trennung erhält

Name, Vorname

die im folgenden aufgeführten Gegenstände hernach zum alleinigen Eigentum.

b) Im Falle einer Trennung erhält

Name, Vorname

die im folgenden aufgeführten Gegenstände hernach zum alleinigen Eigentum.

Ort, Datum

Unterschrift Unterschrift

II Persönliches

Wohnsituation

Ich bin/ Wir sind Mieter

☐ eines Hauses ☐ einer Wohnung ☐ eines Grundstücks

Vermieter:

Adresse des Vermieters:

Telefon:

Hausverwaltung:

Adresse der Hausverwaltung:

Telefon:

Mietkaution in Höhe von:

Kündigungsfrist:

Ende Mietvertrag:

Hauptmieter:

Medien

[Bitte Adressen angeben]

Stromversorgung: Kunden-Nr.:

Wasser: Kunden-Nr.:

Abwasser: Kunden-Nr.:

Gasversorgung: Kunden-Nr.:

Telefonanschluss: Kunden-Nr.:

TV Kabelanschluss: Kunden-Nr.:

II Persönliches

Ich bin/Wir sind Eigentümer

☐ eines Hauses ☐ einer Eigentumswohnung ☐ eines Grundstücks

Grundbuch: Band/Blatt:

Miteigentumsanteil: Wohnfläche in qm:

Garage/Stellplatz-Nr.: Grundstücksanteil:

Einheitswert in DM oder Euro: Baujahr:

Steuer-Nr. für Grundsteuer:

Zuständiges Finanzamt:

Hypotheken/Grundschulden bei

	Kapitalgeber	Summe in DM / Euro	Zins	Festschreibung bis	Rang im Grundbuch
1.					
2.					
3.					
4.					
5.					

Tilgung erfolgt über

☐ Annuität ☐ Lebensversicherung
☐ Rentenversicherung ☐ Bausparkasse

bei Kreditinstitut/Versicherung:
[Name, Ansprechpartner und Anschrift]

Ratenfälligkeit:

Kaufvertrag vom: Urkundenrolle-Nr.:

Notariat:
[Name und Anschrift]

II Persönliches

Ich bin/Mein (Ehe-) Partner ist Eigentümer

☐ eines Hauses ☐ einer Eigentumswohnung ☐ eines Grundstücks

Grundbuch: Band/Blatt:

Miteigentumsanteil: Wohnfläche in qm:

Garage/Stellplatz-Nr.: Grundstücksanteil:

Einheitswert in DM oder Euro: Baujahr:

Steuer-Nr. für Grundsteuer:

Zuständiges Finanzamt:

Hypotheken/Grundschulden bei

	Kapitalgeber	Summe in DM / Euro	Zins	Festschreibung bis	Rang im Grundbuch
1.					
2.					
3.					
4.					
5.					

Tilgung erfolgt über

☐ Annuität ☐ Lebensversicherung
☐ Rentenversicherung ☐ Bausparkasse

bei Kreditinstitut/Versicherung:
[Name, Ansprechpartner und Anschrift]

Ratenfälligkeit:

Kaufvertrag vom: Urkundenrolle-Nr.:

Notariat:
[Name und Anschrift]

II Persönliches

Mietangelegenheiten

Vermietetes Objekt

☐ Einzelhaus ☐ Eigentumswohnung ☐ Mehrfamilienhaus

Straße und Haus-Nr.:

Postleitzahl und Ort:

Wertschätzung liegt vor: ☐ Ja ☐ Nein

Einheitswert in DM oder Euro: Baujahr:

Grundstücksanteil: Wert in DM oder Euro:

Mieter

Name und Anschrift	Mietvertrag vom	Kündigungsfrist
1.		
2.		
3.		
4.		
5.		

Verwalter

[Name und Anschrift]

Zu 1.

Zu 2.

Zu 3.

Zu 4.

Zu 5.

Meine/unsere Immobilienunterlagen befinden sich:

II Persönliches

Sonstige Miet-, Leasing- oder Pachtverträge

Vertragsart	Objekt	lfd. Verpflichtung	Gläubiger

Unterhaltsverpflichtungen

Rechtsgrund	Zahlungspflichtiger	Empfänger	lfd. Zahlung

II Persönliches

Versicherungen

In unseren Versicherungsangelegenheiten betreut uns

Name:

Firma:

Adresse:

Hinweis:

Rechtsanwalt

Name:

Adresse:

Hinweis:

Anspruch auf Betriebsrente

Viele Betriebe (hierbei auch an frühere Arbeitsverhältnisse denken!) zahlen an die Angehörigen eines verstorbenen Mitarbeiters eine Betriebsrente oder einen einmaligen Betrag. Zuweilen schützt der Arbeitgeber seine Beschäftigten auch mit einer speziellen Unfallversicherung für Dienstreisen.

☐ Ja ☐ Nein

Firma 1:

Adresse:

Personal-Nr.:

Höhe: ab Alter:

Firma 2:

Adresse:

Personal-Nr.:

Höhe: ab Alter:

II Persönliches

Versicherungen

In unseren Versicherungsangelegenheiten betreut uns

Name:

Firma:

Adresse:

Hinweis:

Rechtsanwalt

Name:

Adresse:

Hinweis:

Anspruch auf Betriebsrente

Viele Betriebe (hierbei auch an frühere Arbeitsverhältnisse denken!) zahlen an die Angehörigen eines verstorbenen Mitarbeiters eine Betriebsrente oder einen einmaligen Betrag. Zuweilen schützt der Arbeitgeber seine Beschäftigten auch mit einer speziellen Unfallversicherung für Dienstreisen.

☐ Ja ☐ Nein

Firma 1:

Adresse:

Personal-Nr.:

Höhe: ab Alter:

Firma 2:

Adresse:

Personal-Nr.:

Höhe: ab Alter:

II Persönliches

Berufsgenossenschaft

Alle Angestellten, Arbeiter sowie die Beschäftigten der Landwirtschaft sind automatisch über den Betrieb in einer Berufsgenossenschaft unfallversichert. Wenn der Verunglückte beruflich unterwegs war, entsteht den Hinterbliebenen hieraus ein Rentenanspruch.

Berufsgenossenschaft: ______________________________

Adresse: ______________________________

Hinterbliebenenrente

☐ Ja ☐ Nein

Rententräger

Adresse: ______________________________

____

____

> Anderenfalls sind Ansprüche anzumelden bei dem Pensionssicherungsverein in Köln. <

II Persönliches

Berufsgenossenschaft

Alle Angestellten, Arbeiter sowie die Beschäftigten der Landwirtschaft sind automatisch über den Betrieb in einer Berufsgenossenschaft unfallversichert. Wenn der Verunglückte beruflich unterwegs war, entsteht den Hinterbliebenen hieraus ein Rentenanspruch.

Berufsgenossenschaft: ______________________

Adresse: ______________________

Hinterbliebenenrente

☐ Ja ☐ Nein

Rententräger

Adresse: ______________________

____

____

> Anderenfalls sind Ansprüche anzumelden bei dem Pensionssicherungsverein in Köln. <

II Persönliches

Hinweise zur Rentenversicherung

Kaum etwas ist so unübersichtlich und kompliziert wie das Recht der Hinterbliebenenrenten: Grundsätzlich bestehen Ansprüche auf eine solche Rentenzahlung, wenn der Verstorbene die allgemeine Wartezeit/Pflichtbeitragszeit von 5 Jahren erfüllt hat bzw. diese als erfüllt gilt, wie etwa bei einem Arbeitsunfall.

—

Die Einkommenshöhe und die Anzahl der Beitragsjahre bestimmen dabei den Umfang des Rentenanspruchs.

—

Achtung:
Die Rente wird nur auf Antrag gezahlt!

—

Kinder haben grundsätzlich bis zum 18. Lebensjahr, bei Schul- oder Berufsausbildung bzw. bei Behinderung bis zum 27. Lebensjahr einen Anspruch auf die Waisenrente.

—

Nicht vergessen:
Viele Selbständige waren zu Beginn ihrer Berufszeit einige Jahre als Angestellte rentenversicherungspflichtig und haben in dieser Zeit Rentenansprüche erworben, die nun von den Hinterbliebenen geltend gemacht werden können.

II Persönliches

Rentenversicherungsanstalt

BfA – Berlin:

[Anschrift]

Versicherungsnehmer 1:

Versicherungs-Nr.:

Versicherungsnehmer 2:

Versicherungs-Nr.:

Versicherungsnehmer 3:

Versicherungs-Nr.:

Versicherungsnehmer 4:

Versicherungs-Nr.:

Versicherungsnehmer 5:

Versicherungs-Nr.:

LVA:

[Anschrift]

Versicherungsnehmer 1:

Versicherungs-Nr.:

Versicherungsnehmer 2:

Versicherungs-Nr.:

Versicherungsnehmer 3:

Versicherungs-Nr.:

Versicherungsnehmer 4:

Versicherungs-Nr.:

Versicherungsnehmer 5:

Versicherungs-Nr.:

II Persönliches

Kontoauszüge liegen vor:

☐ Ja ☐ Nein

Beratungsstelle: ______
[Anschrift]

Versicherungsältester: ______
[Anschrift]

Zusatzversicherung

☐ Ja ☐ Nein

Versorgungsanstalt des Bundes und der Länder (VBL)
76128 Karlsruhe

Versicherungsnehmer 1: ______

Versicherungs-Nr.: ______

Versicherungsnehmer 2: ______

Versicherungs-Nr.: ______

Versicherungsnehmer 3: ______

Versicherungs-Nr.: ______

Versicherungsnehmer 4: ______

Versicherungs-Nr.: ______

Versicherungsnehmer 5: ______

Versicherungs-Nr.: ______

Sterbegeld

[bei Rentenversicherung, Krankenkassen, Betrieben, privater Sterbekasse]

Name der Gesellschaft: ______
[Anschrift]

Versicherungsnehmer 1: ______

Versicherungs-Nr.: ______

Versicherungssumme: ______

II Persönliches

Versicherungsnehmer 2:

Versicherungs-Nr.:

Versicherungssumme:

Versicherungsnehmer 3:

Versicherungs-Nr.:

Versicherungssumme:

Versicherungsnehmer 4:

Versicherungs-Nr.:

Versicherungssumme:

Versicherungsnehmer 5:

Versicherungs-Nr.:

Versicherungssumme:

Lebensversicherung 1

Versicherungsnehmer:

Gesellschaft:

[Anschrift]

Versicherungs-Nr.:

Versicherungssumme:

Ablauf:

Agentur:

[Anschrift]

Sonstiges:

[zum Beispiel Abtretung]

Lebensversicherung 2

Versicherungsnehmer:

II Persönliches

Gesellschaft:

[Anschrift]

Versicherungs-Nr.:

Versicherungssumme:

Ablauf:

Agentur:

[Anschrift]

Sonstiges:

[zum Beispiel Abtretung]

Lebensversicherung 3

Versicherungsnehmer:

Gesellschaft:

[Anschrift]

Versicherungs-Nr.:

Versicherungssumme:

Ablauf:

Agentur:

[Anschrift]

Sonstiges:

[zum Beispiel Abtretung]

Lebensversicherung 4

Versicherungsnehmer:

Gesellschaft:

[Anschrift]

Versicherungs-Nr.:

Versicherungssumme:

Ablauf:

II Persönliches

Agentur:

[Anschrift]

Sonstiges:

[zum Beispiel Abtretung]

Lebensversicherung 5

Versicherungsnehmer:

Gesellschaft:

[Anschrift]

Versicherungs-Nr.:

Versicherungssumme:

Ablauf:

Agentur:

[Anschrift]

Sonstiges:

[zum Beispiel Abtretung]

Hinweise zu privaten Unfall- und Lebensversicherungen

Hat der Verunglückte eine private Unfall- und/oder Lebensversicherung, wird nun der für den Todesfall festgesetzte Betrag fällig. Hierfür ist die Schuldfrage grundsätzlich unerheblich. Eine Ausnahme kann es jedoch bei Trunkenheit oder Suizidverdacht geben. Auch in diesem Falle sollte im Zweifel vor der Schadensmeldung Rechtsrat beim Anwalt eingeholt werden.

Wichtig:
Im Laufe der Zeit können sich persönliche Umstände etwa durch Heirat, Scheidung, Trennung, neue Partnerschaften/Beziehungen oder Nachwuchs ändern und damit auch diejenigen, die bei Auszahlung einer Unfall- oder Lebensversicherung begünstigt werden sollen. Ohne die entsprechenden Korrekturen fällt das Geld unwiderruflich an die in der Versicherungspolice begünstigte[n] Person[en].

Wurde eine Risikolebensversicherung abgeschlossen, muss die Versicherung in der Regel innerhalb von drei Tagen nach dem Todesfall in Kenntnis gesetzt werden.

II Persönliches

Unfallversicherung 1

Versicherungsnehmer:

Gesellschaft:
[Anschrift]

Versicherungs-Nr.:

Versicherungssumme:

Ablauf:

Begünstigter:
[Name und Anschrift bitte eintragen]

Agentur:
[Anschrift]

Unfallversicherung 2

Versicherungsnehmer:

Gesellschaft:
[Anschrift]

Versicherungs-Nr.:

Versicherungssumme:

Ablauf:

Begünstigter:
[Name und Anschrift bitte eintragen]

Agentur:
[Anschrift]

Unfallversicherung 3

Versicherungsnehmer:

Gesellschaft:
[Anschrift]

Versicherungs-Nr.:

II Persönliches

Versicherungssumme:

Ablauf:

Begünstigter:
[Name und Anschrift bitte eintragen]

Agentur:
[Anschrift]

Unfallversicherung 4

Versicherungsnehmer:

Gesellschaft:
[Anschrift]

Versicherungs-Nr.:

Versicherungssumme:

Ablauf:

Begünstigter:
[Name und Anschrift bitte eintragen]

Agentur:
[Anschrift]

Unfallversicherung 5

Versicherungsnehmer:

Gesellschaft:
[Anschrift]

Versicherungs-Nr.:

Versicherungssumme:

Ablauf:

Begünstigter:
[Name und Anschrift bitte eintragen]

Agentur:
[Anschrift]

Persönliche Notizen

II Persönliches

Rentenversicherung 1

Versicherungsnehmer:

Versicherungsträger:
[Anschrift]

Versicherungs-Nr.:

Versicherungssumme:
[Rentenanspruch]

Ablauf:

Agentur:
[Anschrift]

Sonstiges:
[zum Beispiel Abtretung]

Rentenversicherung 2

Versicherungsnehmer:

Versicherungsträger:
[Anschrift]

Versicherungs-Nr.:

Versicherungssumme:
[Rentenanspruch]

Ablauf:

Agentur:
[Anschrift]

Sonstiges:
[zum Beispiel Abtretung]

Rentenversicherung 3

Versicherungsnehmer:

Versicherungsträger:
[Anschrift]

Versicherungs-Nr.:

II PERSÖNLICHES

Versicherungssumme:
[Rentenanspruch]

Ablauf:

Agentur:
[Anschrift]

Sonstiges:
[zum Beispiel Abtretung]

RENTENVERSICHERUNG 4

Versicherungsnehmer:

Versicherungsträger:
[Anschrift]

Versicherungs-Nr.:

Versicherungssumme:
[Rentenanspruch]

Ablauf:

Agentur:
[Anschrift]

Sonstiges:
[zum Beispiel Abtretung]

RENTENVERSICHERUNG 5

Versicherungsnehmer:

Versicherungsträger:
[Anschrift]

Versicherungs-Nr.:

Versicherungssumme:
[Rentenanspruch]

Ablauf:

Agentur:
[Anschrift]

Sonstiges:
[zum Beispiel Abtretung]

Persönliche Notizen

II Persönliches

Ausbildungsversicherung

Versicherungnehmer:

Gesellschaft:
[Anschrift]

Versicherungs-Nr.:

Versicherungssumme:

Ablauf:

Begünstigter 1:
[Name und Anschrift bitte eintragen]

Begünstigter 2:
[Name und Anschrift bitte eintragen]

Begünstigter 3:
[Name und Anschrift bitte eintragen]

Agentur:
[Anschrift]

Sonstiges:
[zum Beispiel Abtretung]

Privat-Haftpflichtversicherung

Versicherungnehmer:

Gesellschaft:
[Anschrift]

Versicherungs-Nr.:

Versicherungssumme:

Ablauf:

Agentur:
[Anschrift]

II Persönliches

Gebäudeversicherung

Versicherungsnehmer:

Gesellschaft:
[Anschrift]

Versicherungs-Nr.:

Versicherungssumme:

Ablauf:

Agentur:
[Anschrift]

Gebäude-Haftpflichtversicherung

Versicherungsnehmer:

Gesellschaft:
[Anschrift]

Versicherungs-Nr.:

Versicherungssumme:

Ablauf:

Agentur:
[Anschrift]

II Persönliches

Krankenversicherung 1

Versicherungsnehmer:

Krankenkasse:
[Anschrift]

Versicherungs-Nr.:

Krankenversicherung 2

Versicherungsnehmer:

Krankenkasse:
[Anschrift]

Versicherungs-Nr.:

Krankenversicherung 3

Versicherungsnehmer:

Krankenkasse:
[Anschrift]

Versicherungs-Nr.:

Krankenversicherung 4

Versicherungsnehmer:

Krankenkasse:
[Anschrift]

Versicherungs-Nr.:

Krankenversicherung 5

Versicherungsnehmer:

Krankenkasse:
[Anschrift]

Versicherungs-Nr.:

II Persönliches

Kranken-Zusatzversicherung 1

Versicherungsnehmer:

Gesellschaft:
[Anschrift]

Versicherungs-Nr.:

Tarife:

Ablauf:

Agentur:
[Anschrift]

Kranken-Zusatzversicherung 2

Versicherungsnehmer:

Gesellschaft:
[Anschrift]

Versicherungs-Nr.:

Tarife:

Ablauf:

Agentur:
[Anschrift]

Kranken-Zusatzversicherung 3

Versicherungsnehmer:

Gesellschaft:
[Anschrift:

Versicherungs-Nr.:

Tarife:

Ablauf:

Agentur:
[Anschrift]

II Persönliches

Kranken-Zusatzversicherung 4

Versicherungsnehmer:

Gesellschaft:
[Anschrift]

Versicherungs-Nr.:

Tarife:

Ablauf:

Agentur:
[Anschrift]

Kranken-Zusatzversicherung 5

Versicherungsnehmer:

Gesellschaft:
[Anschrift]

Versicherungs-Nr.:

Tarife:

Ablauf:

Agentur:
[Anschrift]

II Persönliches

Hausratversicherung

Versicherungsnehmer:

Gesellschaft:
[Anschrift]

Versicherungs-Nr.:

Versicherungssumme:

Ablauf:

Agentur:
[Anschrift]

Hausgeräteversicherung

Versicherungsnehmer:

Gesellschaft:
[Anschrift]

Versicherungs-Nr.:

Versicherungssumme:

Ablauf:

Agentur:
[Anschrift]

Glasbruchversicherung

Versicherungsnehmer:

Gesellschaft:
[Anschrift]

Versicherungs-Nr.:

Versicherungssumme:

Ablauf:

Agentur:
[Anschrift]

II PERSÖNLICHES

RECHTSSCHUTZVERSICHERUNG

Versicherungsnehmer:

Gesellschaft:
[Anschrift]

Versicherungs-Nr.:

Versicherungssumme:

Ablauf:

Agentur:
[Anschrift]

Anmerkung:

Bei einem Verkehrsunfall mit Todesfolge sollte die Schadensregulierung in jedem Fall mit Hilfe eines erfahrenen Rechtsanwaltes vorgenommen werden. Auch die Ansprüche gegenüber anderen Versicherungen (Unfall, Leben, Berufsgenossenschaft) lassen sich mit professioneller Hilfe besser durchsetzen.

Bei der Rechtsschutzversicherung sollte daher darauf geachtet werden, dass diese in solchen Angelegenheiten auch für die Belange des Partners eintritt. Erforderlichenfalls sollten Sie diesen Punkt mit der Versicherung nachverhandeln.

Persönliche Notizen

II Persönliches

Kraftfahrzeugversicherung

Versicherungsnehmer:

Gesellschaft:
[Anschrift]

Versicherungs-Nr.:

Versicherungssumme:

Ablauf:

Agentur:
[Anschrift]

Kraftfahrzeugversicherung

Versicherungsnehmer:

Gesellschaft:
[Anschrift]

Versicherungs-Nr.:

Versicherungssumme:

Ablauf:

Agentur:
[Anschrift]

Kraftfahrzeugversicherung

Versicherungsnehmer:

Gesellschaft:
[Anschrift]

Versicherungs-Nr.:

Versicherungssumme:

Ablauf:

Agentur:
[Anschrift]

II Persönliches

Hinweise zu den KfZ-Versicherungen

Wurde der Partner unschuldig in einen tödlichen Unfall verwickelt, muss die Haftpflichtversicherung des Gegners den gesamten Unfallschaden regulieren:

Kosten im Zusammenhang mit der Beerdigung, ggf. Schmerzensgeld für die Hinterbliebenen, die Erstattung des Sachschadens und schließlich auch die Anwalts-, Sachverständigen- und Gutachterkosten. Wenn der Verunglückte seine Familie als Alleinverdiener unterhalten hat, trifft möglicherweise die Haftpflichtversicherung des Gegners die Pflicht, für die Unterhaltskosten der Hinterbliebenen aufzukommen.

Diese Ansprüche sollten Sie in jedem Fall mit der Unterstützung Ihres Anwalts geltend machen!

Für den Fall, dass der Verunglückte ganz oder teilweise die Schuld am Unfall trägt, kommt seine eigene KfZ-Haftpflichtversicherung natürlich für den Fremdschaden auf. Hier gilt es, den Unfall unverzüglich der Haftpflichtversicherung des Gegners anzuzeigen.

Hat der Verunglückte eine Vollkaskoversicherung abgeschlossen, können die Hinterbliebenen die Sachschäden am eigenen Fahrzeug durch diese regulieren lassen.

Weitere Versicherungen

Sparte: ______________________________

Versicherungsnehmer: ______________________________

Gesellschaft: ______________________________
[Anschrift]

Versicherungs-Nr.: ______________________________

Versicherungssumme: ______________________________

Ablauf: ______________________________

Agentur: ______________________________
[Anschrift]

Weitere Versicherungen

Sparte: ______________________________

Versicherungsnehmer: ______________________________

Gesellschaft: ______________________________
[Anschrift]

Versicherungs-Nr.: ______________________________

II Persönliches

Versicherungssumme:

Ablauf:

Agentur:
[Anschrift]

Weitere Versicherungen

Sparte:

Versicherungsnehmer:

Gesellschaft:
[Anschrift]

Versicherungs-Nr.:

Versicherungssumme:

Ablauf:

Agentur:
[Anschrift]

Weitere Versicherungen

Sparte:

Versicherungsnehmer:

Gesellschaft:
[Anschrift]

Versicherungs-Nr.:

Versicherungssumme:

Ablauf:

Agentur:
[Anschrift]

Weitere Versicherungen

Sparte:

Versicherungsnehmer:

II Persönliches

Gesellschaft:

[Anschrift]

Versicherungs-Nr.:

Versicherungssumme:

Ablauf:

Agentur:

[Anschrift]

Weitere Versicherungen

Sparte:

Versicherungsnehmer:

Gesellschaft:

[Anschrift]

Versicherungs-Nr.:

Versicherungssumme:

Ablauf:

Agentur:

[Anschrift]

Weitere Versicherungen

Sparte:

Versicherungsnehmer:

Gesellschaft:

[Anschrift]

Versicherungs-Nr.:

Versicherungssumme:

Ablauf:

Agentur:

[Anschrift]

II Persönliches

Einkommenssituation

	Ehemann	Ehefrau
Arbeitsentgelt:		
Einkommen aus selbständiger Arbeit:		
Arbeitslosengeld:		
Arbeitslosenhilfe:		
Sozialhilfe:		
Kindergeld:		
Krankengeld:		
Pflegegeld:		
Unterhaltsansprüche:		
Rentenzahlungen:		

Befreiungen und Vergünstigungen

Wohngeld:

Telefongebühren:

Rundfunkgebühren:

Befreiung von Medikamentenzuzahlung:

Befreiung von Kontoführungsgebühren:

Freistellungsaufträge bei Geldinstituten:

II Persönliches

Finanzangelegenheiten

Meistens haben die (Ehe-) Partner ein Gemeinschaftskonto eingerichtet oder sich gegenseitig Vollmachten über ihre jeweiligen Bankkonten erteilt. Sofern dies für Sie nicht zutrifft, sollten Sie rechtzeitig im Wege einer Verfügungsvollmacht festlegen, auf wen bei Unfall, im schweren Krankheitsfall oder im Todesfall das Bankkonto übertragen wird (Verfügung von Todes wegen). Ansonsten bleiben die Konten (u. U. monatelang) bis zur Vorlage des Erbscheins gesperrt. Lassen Sie sich hierbei von Ihrer Hausbank beraten.

In unseren Finanzangelegenheiten ist die Person unseres Vertrauens

Name: ______________________________

Firma: ______________________________

Adresse: ______________________________

Hinweis: ______________________________

Rechtsanwalt

Name: ______________________________

Adresse: ______________________________

Hinweis: ______________________________

Bank/Sparkasse

> Wichtig: Dies ist lediglich die Information über das Bestehen einer Bevollmächtigung.
Bitte wenden Sie sich an Ihre Bank/Sparkasse, damit das jeweilige Formular rechtsverbindlich unterschrieben wird. <

Zweigstelle: ______________________________
[Anschrift]

Girokonto-Nr.: ______________________________

Bankleitzahl: ______________________________

Kontoinhaber: ______________________________

Vollmacht erteilt:

Generelle Vollmacht: ☐ Ja ☐ Nein
Vollmacht nur für den Todesfall: ☐ Ja ☐ Nein
Kennwort vorhanden: ☐ Ja ☐ Nein

Bevollmächtigter: ______________________________
[Name und Adresse]

II Persönliches

Bank/Sparkasse

***> Wichtig:** Dies ist lediglich die Information über das Bestehen einer Bevollmächtigung.*
Bitte wenden Sie sich an Ihre Bank/Sparkasse, damit das jeweilige Formular rechtsverbindlich unterschrieben wird. <

Zweigstelle: ______________________________
[Anschrift]

Girokonto-Nr.: ______________________________

Bankleitzahl: ______________________________

Kontoinhaber: ______________________________

Vollmacht erteilt:

Generelle Vollmacht:	☐ Ja	☐ Nein
Vollmacht nur für den Todesfall:	☐ Ja	☐ Nein
Kennwort vorhanden:	☐ Ja	☐ Nein

Bevollmächtigter: ______________________________
[Name und Adresse]

Bank/Sparkasse

***> Wichtig:** Dies ist lediglich die Information über das Bestehen einer Bevollmächtigung.*
Bitte wenden Sie sich an Ihre Bank/Sparkasse, damit das jeweilige Formular rechtsverbindlich unterschrieben wird. <

Zweigstelle: ______________________________
[Anschrift]

Girokonto-Nr.: ______________________________

Bankleitzahl: ______________________________

Kontoinhaber: ______________________________

Vollmacht erteilt:

Generelle Vollmacht:	☐ Ja	☐ Nein
Vollmacht nur für den Todesfall:	☐ Ja	☐ Nein
Kennwort vorhanden:	☐ Ja	☐ Nein

Bevollmächtigter: ______________________________
[Name und Adresse]

II Persönliches

Bankschliessfach bei

> Oft werden die wichtigsten persönlichen Unterlagen, Wertpapiere oder Schmuck im Bankschließfach aufbewahrt. Zugang dazu hat jeder, der über das Passwort oder die Geheimnummer und den Schlüssel verfügt, und zwar ohne Ansehen der Person. Die Bank kontrolliert nämlich darüber hinaus nicht, ob jemand berechtigterweise an das Schließfach geht. Deshalb sind Angaben zum Bankschließfach unbedingt vertraulich zu behandeln. Überlegen Sie sich genau, wem Sie sagen, wo sich der Schlüssel befindet und wie die Geheimnummer lautet. Der Zugang zu einem Schließfach wird gesperrt, sobald die Bank Kenntnis davon erlangt, dass der Inhaber verstorben ist.
Wichtig: Nachfolgend geben Sie lediglich die Information über das Bestehen einer Bevollmächtigung. Bitte wenden Sie sich an Ihre Bank/Sparkasse, damit das jeweilige Formular rechtsverbindlich unterschrieben wird. <

Kreditinstitut/Zweigstelle:

[Anschrift]

Depot-Nr.:

Konto-Nr.:

Bankleitzahl:

Inhaber:

Vollmacht erteilt:

Generelle Vollmacht: ☐ Ja ☐ Nein

Vollmacht nur für den Todesfall: ☐ Ja ☐ Nein

Kennwort vorhanden: ☐ Ja ☐ Nein

Bevollmächtigter:

Der Schlüssel befindet sich:

Bankschliessfach bei

> Wichtig: Dies ist lediglich die Information über das Bestehen einer Bevollmächtigung.
Bitte wenden Sie sich an Ihre Bank/Sparkasse, damit das jeweilige Formular rechtsverbindlich unterschrieben wird. <

Kreditinstitut/Zweigstelle:

[Anschrift]

Depot-Nr.:

Konto-Nr.:

Bankleitzahl:

Inhaber:

Vollmacht erteilt:

Generelle Vollmacht: ☐ Ja ☐ Nein

Vollmacht nur für den Todesfall: ☐ Ja ☐ Nein

Kennwort vorhanden: ☐ Ja ☐ Nein

Bevollmächtigter:

Der Schlüssel befindet sich:

II Persönliches

Sparbuch bei

> Wichtig: Dies ist lediglich die Information über das Bestehen einer Bevollmächtigung.
Bitte wenden Sie sich an Ihre Bank/Sparkasse, damit das jeweilige Formular rechtsverbindlich unterschrieben wird. <

Kreditinstitut/Zweigstelle:

[Anschrift]

Konto-Nr.:

Sparbuch-Nr.:

Aufbewahrungsort des Sparbuchs:

Inhaber:

Vollmacht erteilt:

Generelle Vollmacht: ☐ Ja ☐ Nein
Vollmacht nur für den Todesfall: ☐ Ja ☐ Nein
Kennwort vorhanden: ☐ Ja ☐ Nein

Bevollmächtigter:

[Name und Adresse]

Sparbuch bei

> Wichtig: Dies ist lediglich die Information über das Bestehen einer Bevollmächtigung.
Bitte wenden Sie sich an Ihre Bank/Sparkasse, damit das jeweilige Formular rechtsverbindlich unterschrieben wird. <

Kreditinstitut/Zweigstelle:

[Anschrift]

Konto-Nr.:

Sparbuch-Nr.:

Aufbewahrungsort des Sparbuchs:

Inhaber:

Vollmacht erteilt:

Generelle Vollmacht: ☐ Ja ☐ Nein
Vollmacht nur für den Todesfall: ☐ Ja ☐ Nein
Kennwort vorhanden: ☐ Ja ☐ Nein

Bevollmächtigter:

[Name und Adresse]

II Persönliches

Sparvertrag bei

***> Wichtig:** Dies ist lediglich die Information über das Bestehen einer Bevollmächtigung.*
Bitte wenden Sie sich an Ihre Bank/Sparkasse, damit das jeweilige Formular rechtsverbindlich unterschrieben wird. <

Kreditinstitut/Zweigstelle:

[Anschrift]

Sparvertrags-Nr.:

Sparvertragssumme:

Fällig am:

Aufbewahrungsort des Sparvertrages:

Inhaber:

Vollmacht erteilt:

Generelle Vollmacht: ☐ Ja ☐ Nein

Vollmacht nur für den Todesfall: ☐ Ja ☐ Nein

Kennwort vorhanden: ☐ Ja ☐ Nein

Bevollmächtigter:

[Name und Adresse]

Sparvertrag bei

***> Wichtig:** Dies ist lediglich die Information über das Bestehen einer Bevollmächtigung.*
Bitte wenden Sie sich an Ihre Bank/Sparkasse, damit das jeweilige Formular rechtsverbindlich unterschrieben wird. <

Kreditinstitut/Zweigstelle:

[Anschrift]

Sparvertrags-Nr.:

Sparvertragssumme:

Fällig am:

Aufbewahrungsort des Sparvertrages:

Inhaber:

Vollmacht erteilt:

Generelle Vollmacht: ☐ Ja ☐ Nein

Vollmacht nur für den Todesfall: ☐ Ja ☐ Nein

Kennwort vorhanden: ☐ Ja ☐ Nein

Bevollmächtigter:

[Name und Adresse]

II Persönliches

Sparbrief bei

> Wichtig: Dies ist lediglich die Information über das Bestehen einer Bevollmächtigung. Bitte wenden Sie sich an Ihre Bank/Sparkasse, damit das jeweilige Formular rechtsverbindlich unterschrieben wird. <

Kreditinstitut/Zweigstelle: ____________________

[Anschrift]

Sparbrief-Nr.: ____________________

Sparsumme: ____________________

Fällig am: ____________________

Aufbewahrungsort des Sparbriefes: ____________________

Inhaber: ____________________

Vollmacht erteilt:

Generelle Vollmacht: ☐ Ja ☐ Nein

Vollmacht nur für den Todesfall: ☐ Ja ☐ Nein

Kennwort vorhanden: ☐ Ja ☐ Nein

Bevollmächtigter: ____________________

[Name und Adresse]

Sparbrief bei

> Wichtig: Dies ist lediglich die Information über das Bestehen einer Bevollmächtigung. Bitte wenden Sie sich an Ihre Bank/Sparkasse, damit das jeweilige Formular rechtsverbindlich unterschrieben wird. <

Kreditinstitut/Zweigstelle: ____________________

[Anschrift]

Sparbrief-Nr.: ____________________

Sparsumme: ____________________

Fällig am: ____________________

Aufbewahrungsort des Sparbriefes: ____________________

Inhaber: ____________________

Vollmacht erteilt:

Generelle Vollmacht: ☐ Ja ☐ Nein

Vollmacht nur für den Todesfall: ☐ Ja ☐ Nein

Kennwort vorhanden: ☐ Ja ☐ Nein

Bevollmächtigter: ____________________

[Name und Adresse]

II PERSÖNLICHES

SONSTIGE FINANZANLAGEN

☐ Sonstige Konten ☐ Festgelder ☐ Sparkonten ☐ Sparpläne ☐ Depots bei

***> Wichtig: Dies ist lediglich die Information über das Bestehen einer Bevollmächtigung.
Bitte wenden Sie sich an Ihre Bank/Sparkasse, damit das jeweilige Formular rechtsverbindlich unterschrieben wird. <***

Kreditinstitut/Zweigstelle:

Konto-Nr.:

Bankleitzahl:

Inhaber:

Auszahlung/Wert fällig am:

Aufbewahrungsort der Urkunde:

Vollmacht erteilt:

Generelle Vollmacht: ☐ Ja ☐ Nein
Vollmacht nur für den Todesfall: ☐ Ja ☐ Nein
Kennwort vorhanden: ☐ Ja ☐ Nein

Bevollmächtigter:
[Name und Adresse]

☐ Sonstige Konten ☐ Festgelder ☐ Sparkonten ☐ Sparpläne ☐ Depots bei

***> Wichtig: Dies ist lediglich die Information über das Bestehen einer Bevollmächtigung.
Bitte wenden Sie sich an Ihre Bank/Sparkasse, damit das jeweilige Formular rechtsverbindlich unterschrieben wird. <***

Kreditinstitut/Zweigstelle:

Konto-Nr.:

Bankleitzahl:

Inhaber:

Auszahlung/Wert fällig am:

Aufbewahrungsort der Urkunde:

Vollmacht erteilt:

Generelle Vollmacht: ☐ Ja ☐ Nein
Vollmacht nur für den Todesfall: ☐ Ja ☐ Nein
Kennwort vorhanden: ☐ Ja ☐ Nein

Bevollmächtigter:
[Name und Adresse]

II Persönliches

☐ Sonstige Konten ☐ Festgelder ☐ Sparkonten ☐ Sparpläne ☐ Depots bei

> *Wichtig:* *Dies ist lediglich die Information über das Bestehen einer Bevollmächtigung. Bitte wenden Sie sich an Ihre Bank/Sparkasse, damit das jeweilige Formular rechtsverbindlich unterschrieben wird.* <

Kreditinstitut/Zweigstelle: ______________________

Konto-Nr.: ______________________

Bankleitzahl: ______________________

Inhaber: ______________________

Auszahlung/Wert fällig am: ______________________

Aufbewahrungsort der Urkunde: ______________________

Vollmacht erteilt:

Generelle Vollmacht: ☐ Ja ☐ Nein
Vollmacht nur für den Todesfall: ☐ Ja ☐ Nein
Kennwort vorhanden: ☐ Ja ☐ Nein

Bevollmächtigter: ______________________
[Name und Adresse]

☐ Sonstige Konten ☐ Festgelder ☐ Sparkonten ☐ Sparpläne ☐ Depots bei

> *Wichtig:* *Dies ist lediglich die Information über das Bestehen einer Bevollmächtigung. Bitte wenden Sie sich an Ihre Bank/Sparkasse, damit das jeweilige Formular rechtsverbindlich unterschrieben wird.* <

Kreditinstitut/Zweigstelle: ______________________

Konto-Nr.: ______________________

Bankleitzahl: ______________________

Inhaber: ______________________

Auszahlung/Wert fällig am: ______________________

Aufbewahrungsort der Urkunde: ______________________

Vollmacht erteilt:

Generelle Vollmacht: ☐ Ja ☐ Nein
Vollmacht nur für den Todesfall: ☐ Ja ☐ Nein
Kennwort vorhanden: ☐ Ja ☐ Nein

Bevollmächtigter: ______________________
[Name und Adresse]

II Persönliches

Daueraufträge erteilt an

Kreditinstitut	Empfänger	Verwendungszweck	Termin und Höhe
1.			
2.			
3.			
4.			
5.			
6.			
7.			
8.			
9.			
10.			

Lastschrifteinzüge erteilt an

Kreditinstitut	Empfänger	Verwendungszweck	Termin und Höhe
1.			
2.			
3.			
4.			
5.			
6.			
7.			
8.			

II Persönliches

Verbindlichkeiten bei Kreditinstituten

[zum Beispiel: Kontokorrentkredit, Hypothekendarlehen, Bürgschaften etc.]

	Kreditinstitut/ Ansprechpartner	Kontonummer	Verwendungszweck	Kreditart und Restschuld am
1.				
2.				
3.				
4.				
5.				
6.				

Verbindlichkeiten bei Privatpersonen

	Gläubiger/ Name und Anschrift	Kreditart	Verwendungszweck	Restschuld am
1.				
2.				
3.				
4.				
5.				

Verbindlichkeiten bei Firmen

	Gläubiger/ Name und Anschrift	lfd. Zahlung	Verwendungszweck	Restschuld am
1.				
2.				
3.				
4.				

II Persönliches

Bausparguthaben bei Kreditinstituten:

Beim Tod des (Ehe-) Partners hat der Hinterbliebene ein außerordentliches Kündigungsrecht. So kann die (Ehe-) Frau beispielsweise den auf den Namen des (Ehe-) Mannes abgeschlossenen Vertrag kündigen und sich die gesamte angesparte Summe einschließlich Zinsen und Prämien auszahlen lassen.

Ist das Bauspardarlehen bereits ausgezahlt, aber noch nicht getilgt, springt in der Regel eine Risikolebensversicherung ein. Auch prämienbegünstigte Sparverträge sind auf diese Weise ohne Abzüge auflösbar.

	Bausparkasse/ Ansprechpartner	Bauspar-vertrags-Nr.	Guthaben in DM oder Euro	fällig am
1.				
2.				
3.				
4.				
5.				
6.				
7.				

Wertpapiere in Selbstverwaltung

[zum Beispiel: Aktien, Investment- oder Immobilienfonds]

	Bezeichnung/ evtl. Wertpapier-kenn-Nr.	Stückzahl/Aktien Nominalwert/ Anleihen	Aufbewahrungs-ort	Wert am
1.				
2.				
3.				
4.				
5.				
6.				

II Persönliches

Bundesschatzbriefe

[Depot Bank oder Bundesschuldenverwaltung, Postfach 12 45, 53002 Bonn]

	A/B	Wert in DM	fällig am	Aufbewahrungsort
1.				
2.				
3.				
4.				
5.				
6.				
7.				

Inhalt des Bankschliessfachs/Depots

[zum Beispiel: Verträge, Urkunden, Expertisen für Kunstgegenstände]

	Gegenstand	Wert in DM oder Euro	Aufbewahrungsort für den Schlüssel
1.			
2.			
3.			
4.			
5.			
6.			
7.			

II Persönliches

Verträge zugunsten Dritter

Kreditinstitut/ Ansprechpartner	Kontonummer	Bevollmächtigte Person/Anschrift
1.		
2.		
3.		
4.		
5.		

Vollmacht über den Tod hinaus/Generalvollmacht

> Wichtig: Dies ist lediglich die Information über das Bestehen einer Bevollmächtigung. Bitte wenden Sie sich an Ihre Bank/Sparkasse, damit das jeweilige Formular rechtsverbindlich unterschrieben wird. <

Folgende Person bevollmächtige(n) ich (wir), über nachfolgende Konten nach meinem (unserem) Tod zu verfügen:

Name und Anschrift des Bevollmächtigten	Ort und Datum	Unterschrift des Vollmachtgebers
1.		
2.		
3.		
4.		
5.		

Kreditinstitut/ Ansprechpartner	Kontonummer	Bankleitzahl
1.		
2.		

Persönliche Notizen

II Persönliches

Allgemeine Vertragsangelegenheiten

Abonnements

Titel:

Verlag:

Abonnement-Nr. Preis Zahlungstermin und Zahlungsart

Titel:

Verlag:

Abonnement-Nr. Preis Zahlungstermin und Zahlungsart

Titel:

Verlag:

Abonnement-Nr. Preis Zahlungstermin und Zahlungsart

Titel:

Verlag:

Abonnement-Nr. Preis Zahlungstermin und Zahlungsart

Fahrkarten:

☐ Bus ☐ U-Bahn ☐ S-Bahn
☐ Straßenbahn ☐ Car-Sharing

	Gesellschaft	Abonnement-Nr.	Preis	Zahlungstermin und -art
1.				
2.				
3.				
4.				

II Persönliches

Theater

Gesellschaft	Abonnement-Nr.	Preis	Zahlungstermin und Zahlungsart
1.			
2.			
3.			

Lotterien/Dauerlose

Gesellschaft	Los-Nr.	Preis	Zahlungstermin und Zahlungsart
1.			
2.			
3.			

Fernseh-/Rundfunkgebühren

[GEZ: 50656 Köln]

Teilnehmer-Nr.: Zahlungstermin und Zahlungsart

Kabelanschluss: ☐ Ja ☐ Nein Teilnehmer-Nr.:

Ausgeliehen

Gegenstand	Bargeld: Wert in DM oder Euro	an wen mit Datum
1.		
2.		
3.		
4.		
5.		
6.		

II Persönliches

Bürgschaft übernommen

	Für Projekt und für wen	Bürgschaftssumme in DM oder Euro	Fälligkeitsdatum
1.			
2.			
3.			

Forderungen an

	Schuldner/ Name und Anschrift	Grund der Forderung/ Rechtsgrundlage	Forderungsbetrag und Fälligkeit
1.			
2.			
3.			
4.			
5.			

Gewerbliche Beteiligungen an

Zum Beispiel:
Einzelhandelsunternehmen, Gesellschafteranteile an OHG, KG, GmbH

	Gesellschaft/ Name und Anschrift	Gesellschaftsvertrag mit Datum und Aufbewahrungsort	Höhe der Beteiligung
1.			
2.			
3.			
4.			
5.			

II Persönliches

Sonstige Wertgegenstände

Zum Beispiel:
Briefmarken-, Bücher-, Münz-, Schmuck-, Teppichsammlungen

	Art der Sammlungen	Aufbewahrungsort	Wert
1.			
2.			
3.			
4.			
5.			
6.			
7.			
8.			

Mitgliedschaften in Vereinen und Verbänden

Zum Beispiel:
Automobilclub, Haus- und Grundbesitzerverein, Mieterverein, Partei, Sparclub, Tennisclub

	Name/ Anschrift	Mitglieds-Nr.	seit	Beitragshöhe
1.				
2.				
3.				
4.				
5.				
6.				
7.				
8.				

Das Leben ist zu kostbar,
um es dem Schicksal
zu überlassen.

W. Moers

§ Leben

III Krankheitsfall

* in 5-facher Ausfertigung

III Krankheitsfall

Hinweise zu den Patientenverfügungen

Mit diesen Verfügungen können Sie Entscheidungen für medizinische Behandlung und Pflege bei schwerster und aussichtsloser Erkrankung, insbesondere in der letzten Lebensphase treffen und eine Vorsorgevollmacht für den medizinischen Bereich erteilen. Eine rechtswirksame Patientenverfügung muss von den behandelnden Ärzten beachtet werden. Wichtig ist, dass sie in schriftlicher Form vorliegt. Die handschriftliche Form ist nicht zwingend vorgeschrieben, die eigenhändige Unterschrift jedoch notwendig.

Wir halten es für wichtig, dass diese eigenhändige Unterschrift in Abständen von ca. 2 Jahren erneuert und diese Unterschrift von mindestens einem Zeugen bestätigt wird. Dieser Zeuge muss bekunden, dass der Verfasser bei der Unterschrift unter die Patientenverfügung im Vollbesitz seiner geistigen Kräfte war. Eine notarielle Bestätigung ist nicht erforderlich.

In diesem Register haben wir zwei Patientenverfügungen mit unterschiedlichem Inhalt vorbereitet:

Mit der ersten Verfügung können Sie den Wunsch nach Behandlungseinschränkung bzw. -abbruch bei ungünstiger Behandlungsprognose ausdrücken. Sofern Sie in einem solchen Fall jedoch wünschen, dass alle medizinischen Behandlungsmöglichkeiten zu Ihren Gunsten eingesetzt werden, sollten Sie die zweite Verfügung aufmerksam lesen und unterzeichnen.

Persönliche Notizen

III Krankheitsfall

Patientenverfügung

[Wunsch nach Behandlungsabbruch bei ungünstiger Prognose]

Person 1

Sollte ich **(Vollmachtgeber)**

Vor- und Zuname: ______________________________

geboren am: ______________ in: ______________

wohnhaft in: ______________________________

aufgrund von Bewusstlosigkeit oder Bewusstseinstrübung durch Krankheit, Unfall oder sonstige Umstände vorübergehend oder dauerhaft nicht mehr in der Lage sein, meinen Willen zu äußern, bevollmächtige ich hiermit

(Bevollmächtigter)

Vor- und Zuname: ______________________________

geboren am: ______________ in: ______________

wohnhaft in: ______________________________

mich in allen medizinischen Angelegenheiten zu vertreten.

—

Mein Bevollmächtigter darf in sämtliche Maßnahmen zur Diagnose und Behandlung einer Krankheit einwilligen, die Einwilligung hierzu verweigern oder zurücknehmen, Krankenunterlagen einsehen und in deren Herausgabe an Dritte einwilligen. Zu diesem Zweck entbinde ich die mich behandelnden Ärzte und deren nichtärztliche Mitarbeiter gegenüber meinem Bevollmächtigten von der Schweigepflicht.
Die Entscheidungen meines Bevollmächtigten sind für die behandelnden Ärzte verbindlich.
Diese Vollmacht ist jederzeit ohne besondere Form widerruflich.

—

Sofern ich außerstande bin, meinen Willen zu äußern und der benannte Bevollmächtigte verhindert ist, verfüge ich, nachdem ich mich über die medizinische Situation und die rechtliche Beurteilung eines Aufklärungsverzichts eingehend informiert habe:
Die Anwendung lebensverlängernder Maßnahmen, insbesondere von Operationen, künstlicher Beatmung und Ernährung einschließlich der Magensonde und Aufrechterhaltung der Gehirntätigkeit, soll unterbleiben, wenn **zwei Ärzte** unabhängig voneinander festgestellt haben,

> Bitte Gewünschtes ankreuzen und Ungewünschtes streichen. <

- ☐ dass ich mich unabwendbar im unmittelbaren Sterbeprozess befinde, bei dem jede lebenserhaltende Therapie das Sterben oder das Leiden ohne Aussicht auf Besserung verlängern würde, oder
- ☐ dass ich ohne Aussicht auf Wiedererlangung des Bewusstseins in einem Koma liege, oder
- ☐ dass mit hoher Wahrscheinlichkeit eine Dauerschädigung des Gehirns eintritt, oder
- ☐ dass es zu einem nicht behandelbaren, dauernden Ausfall lebenswichtiger Funktionen meines Körpers kommt.

III Krankheitsfall

Behandlung und Pflege sollen in diesen Fällen auf die Linderung von Schmerzen, Unruhe und Angst gerichtet sein, selbst wenn durch die notwendige Schmerzbehandlung eine Lebensverkürzung nicht auszuschließen ist. Ich möchte in Würde und Frieden sterben können, nach Möglichkeit in meiner vertrauten Umgebung.

☐ Ich wünsche mir seelsorgerische Begleitung durch

Name: ____________________

Adresse: ____________________ Tel.-Nr.: __________

☐ Bitte verständigen Sie

Name: ____________________

Adresse: ____________________ Tel.-Nr.: __________

um mir persönlichen Beistand zu leisten.

> Die in dieser Verfügung getroffenen Entscheidungen erfolgten nach eingehender und reiflicher Überlegung und stellen meine generelle ethische Grundeinstellung zu Fragen eines Behandlungsabbruchs dar. In einer konkreten Situation, in der über einen Abbruch der an mir vorgenommenen Heilmaßnahmen zu entscheiden ist, bitte ich meine behandelnden Ärzte, diese Patientenverfügung als verbindlich anzunehmen und entsprechend meinem Willen zu verfahren. Eine andere Entscheidung als die hier zum Ausdruck gebrachte kommt für mich nicht in Frage. <

Wichtig:
Sollte aufgrund wechselnder Gesetze diese Entscheidung von einem Gericht getroffen werden müssen, so beauftrage ich den Bevollmächtigten, die Zustimmung des Gerichtes auch mit Hilfe eines Rechtsanwaltes zu erlangen.

Ich/Wir bestätige(n), dass Frau/Herr ____________________

diese Verfügung im Vollbesitz ihrer/seiner geistigen Kräfte verfasst hat und geschäftsfähig war.

Name: ____________________

Geburtsdatum: __________ Anschrift: ____________________

Ort, Datum: ____________________

Unterschrift der Zeugen: ____________________

Ort und Datum: ____________________

Unterschrift des Vollmachtgebers Unterschrift des Bevollmächtigten

Ort und Datum: ____________________

Unterschrift des Vollmachtgebers
[für spätere Bestätigung]

Ort und Datum: ____________________

Unterschrift des Vollmachtgebers
[für spätere Bestätigung]

III Krankheitsfall

Person 2

Sollte ich **(Vollmachtgeber)**

Vor- und Zuname: ______________________________

geboren am: ______________ in: ______________

wohnhaft in: ______________________________

aufgrund von Bewusstlosigkeit oder Bewusstseinstrübung durch Krankheit, Unfall oder sonstige Umstände vorübergehend oder dauerhaft nicht mehr in der Lage sein, meinen Willen zu äußern, bevollmächtige ich hiermit

(Bevollmächtigter)

Vor- und Zuname: ______________________________

geboren am: ______________ in: ______________

wohnhaft in: ______________________________

mich in allen medizinischen Angelegenheiten zu vertreten.

Mein Bevollmächtigter darf in sämtliche Maßnahmen zur Diagnose und Behandlung einer Krankheit einwilligen, die Einwilligung hierzu verweigern oder zurücknehmen, Krankenunterlagen einsehen und in deren Herausgabe an Dritte einwilligen. Zu diesem Zweck entbinde ich die mich behandelnden Ärzte und deren nichtärztliche Mitarbeiter gegenüber meinem Bevollmächtigten von der Schweigepflicht.
Die Entscheidungen meines Bevollmächtigten sind für die behandelnden Ärzte verbindlich.
Diese Vollmacht ist jederzeit ohne besondere Form widerruflich.

Sofern ich außerstande bin, meinen Willen zu äußern und der benannte Bevollmächtigte verhindert ist, verfüge ich, nachdem ich mich über die medizinische Situation und die rechtliche Beurteilung eines Aufklärungsverzichts eingehend informiert habe:
Die Anwendung lebensverlängernder Maßnahmen, insbesondere von Operationen, künstlicher Beatmung und Ernährung einschließlich der Magensonde und Aufrechterhaltung der Gehirntätigkeit, soll unterbleiben, wenn **zwei Ärzte** unabhängig voneinander festgestellt haben,

> Bitte Gewünschtes ankreuzen und Ungewünschtes streichen. <

- ☐ dass ich mich unabwendbar im unmittelbaren Sterbeprozess befinde, bei dem jede lebenserhaltende Therapie das Sterben oder das Leiden ohne Aussicht auf Besserung verlängern würde, oder
- ☐ dass ich ohne Aussicht auf Wiedererlangung des Bewusstseins in einem Koma liege, oder
- ☐ dass mit hoher Wahrscheinlichkeit eine Dauerschädigung des Gehirns eintritt, oder
- ☐ dass es zu einem nicht behandelbaren, dauernden Ausfall lebenswichtiger Funktionen meines Körpers kommt.

III Krankheitsfall

Behandlung und Pflege sollen in diesen Fällen auf die Linderung von Schmerzen, Unruhe und Angst gerichtet sein, selbst wenn durch die notwendige Schmerzbehandlung eine Lebensverkürzung nicht auszuschließen ist. Ich möchte in Würde und Frieden sterben können, nach Möglichkeit in meiner vertrauten Umgebung.

☐ Ich wünsche mir seelsorgerische Begleitung durch

Name:

Adresse: Tel.-Nr.:

☐ Bitte verständigen Sie

Name:

Adresse: Tel.-Nr.:

um mir persönlichen Beistand zu leisten.

> Die in dieser Verfügung getroffenen Entscheidungen erfolgten nach eingehender und reiflicher Überlegung und stellen meine generelle ethische Grundeinstellung zu Fragen eines Behandlungsabbruchs dar. In einer konkreten Situation, in der über einen Abbruch der an mir vorgenommenen Heilmaßnahmen zu entscheiden ist, bitte ich meine behandelnden Ärzte, diese Patientenverfügung als verbindlich anzunehmen und entsprechend meinem Willen zu verfahren. Eine andere Entscheidung als die hier zum Ausdruck gebrachte kommt für mich nicht in Frage. <

Wichtig:
Sollte aufgrund wechselnder Gesetze diese Entscheidung von einem Gericht getroffen werden müssen, so beauftrage ich den Bevollmächtigten, die Zustimmung des Gerichtes auch mit Hilfe eines Rechtsanwaltes zu erlangen.

Ich/Wir bestätige(n) dass Frau/Herr

diese Verfügung im Vollbesitz ihrer/seiner geistigen Kräfte verfasst hat und geschäftsfähig war.

Name:

Geburtsdatum: Anschrift:

Ort, Datum:

Unterschrift der Zeugen:

Ort und Datum:

Unterschrift des Vollmachtgebers Unterschrift des Bevollmächtigten

Ort und Datum:

Unterschrift des Vollmachtgebers
[für spätere Bestätigung]

Ort und Datum:

Unterschrift des Vollmachtgebers
[für spätere Bestätigung]

III Krankheitsfall

Person 3

Sollte ich **(Vollmachtgeber)**

Vor- und Zuname:

geboren am: in:

wohnhaft in:

aufgrund von Bewusstlosigkeit oder Bewusstseinstrübung durch Krankheit, Unfall oder sonstige Umstände vorübergehend oder dauerhaft nicht mehr in der Lage sein, meinen Willen zu äußern, bevollmächtige ich hiermit

(Bevollmächtigter)

Vor- und Zuname:

geboren am: in:

wohnhaft in:

mich in allen medizinischen Angelegenheiten zu vertreten.

—

Mein Bevollmächtigter darf in sämtliche Maßnahmen zur Diagnose und Behandlung einer Krankheit einwilligen, die Einwilligung hierzu verweigern oder zurücknehmen, Krankenunterlagen einsehen und in deren Herausgabe an Dritte einwilligen. Zu diesem Zweck entbinde ich die mich behandelnden Ärzte und deren nichtärztliche Mitarbeiter gegenüber meinem Bevollmächtigten von der Schweigepflicht.
Die Entscheidungen meines Bevollmächtigten sind für die behandelnden Ärzte verbindlich.
Diese Vollmacht ist jederzeit ohne besondere Form widerruflich.

—

Sofern ich außerstande bin, meinen Willen zu äußern und der benannte Bevollmächtigte verhindert ist, verfüge ich, nachdem ich mich über die medizinische Situation und die rechtliche Beurteilung eines Aufklärungsverzichts eingehend informiert habe:
Die Anwendung lebensverlängernder Maßnahmen, insbesondere von Operationen, künstlicher Beatmung und Ernährung einschließlich der Magensonde und Aufrechterhaltung der Gehirntätigkeit, soll unterbleiben, wenn **zwei Ärzte** unabhängig voneinander festgestellt haben,

> Bitte Gewünschtes ankreuzen und Ungewünschtes streichen. <

- ☐ dass ich mich unabwendbar im unmittelbaren Sterbeprozess befinde, bei dem jede lebenserhaltende Therapie das Sterben oder das Leiden ohne Aussicht auf Besserung verlängern würde, oder
- ☐ dass ich ohne Aussicht auf Wiedererlangung des Bewusstseins in einem Koma liege, oder
- ☐ dass mit hoher Wahrscheinlichkeit eine Dauerschädigung des Gehirns eintritt, oder
- ☐ dass es zu einem nicht behandelbaren, dauernden Ausfall lebenswichtiger Funktionen meines Körpers kommt.

III Krankheitsfall

Behandlung und Pflege sollen in diesen Fällen auf die Linderung von Schmerzen, Unruhe und Angst gerichtet sein, selbst wenn durch die notwendige Schmerzbehandlung eine Lebensverkürzung nicht auszuschließen ist. Ich möchte in Würde und Frieden sterben können, nach Möglichkeit in meiner vertrauten Umgebung.

☐ Ich wünsche mir seelsorgerische Begleitung durch

Name: ______________________________

Adresse: ______________________ Tel.-Nr.: __________

☐ Bitte verständigen Sie

Name: ______________________________

Adresse: ______________________ Tel.-Nr.: __________

um mir persönlichen Beistand zu leisten.

> Die in dieser Verfügung getroffenen Entscheidungen erfolgten nach eingehender und reiflicher Überlegung und stellen meine generelle ethische Grundeinstellung zu Fragen eines Behandlungsabbruchs dar. In einer konkreten Situation, in der über einen Abbruch der an mir vorgenommenen Heilmaßnahmen zu entscheiden ist, bitte ich meine behandelnden Ärzte, diese Patientenverfügung als verbindlich anzunehmen und entsprechend meinem Willen zu verfahren. Eine andere Entscheidung als die hier zum Ausdruck gebrachte kommt für mich nicht in Frage. <

Wichtig:
Sollte aufgrund wechselnder Gesetze diese Entscheidung von einem Gericht getroffen werden müssen, so beauftrage ich den Bevollmächtigten, die Zustimmung des Gerichtes auch mit Hilfe eines Rechtsanwaltes zu erlangen.

Ich/Wir bestätige(n), dass Frau/Herr ______________________________

diese Verfügung im Vollbesitz ihrer/seiner geistigen Kräfte verfasst hat und geschäftsfähig war.

Name: ______________________________

Geburtsdatum: __________ Anschrift: ______________________________

Ort, Datum: ______________________________

Unterschrift der Zeugen: ______________________________

Ort und Datum: ______________________________

Unterschrift des Vollmachtgebers — Unterschrift des Bevollmächtigten

Ort und Datum: ______________________________

Unterschrift des Vollmachtgebers
[für spätere Bestätigung]

Ort und Datum: ______________________________

Unterschrift des Vollmachtgebers
[für spätere Bestätigung]

III Krankheitsfall

Person 4

Sollte ich **(Vollmachtgeber)**

Vor- und Zuname:

geboren am: in:

wohnhaft in:

aufgrund von Bewusstlosigkeit oder Bewusstseinstrübung durch Krankheit, Unfall oder sonstige Umstände vorübergehend oder dauerhaft nicht mehr in der Lage sein, meinen Willen zu äußern, bevollmächtige ich hiermit

(Bevollmächtigter)

Vor- und Zuname:

geboren am: in:

wohnhaft in:

mich in allen medizinischen Angelegenheiten zu vertreten.

—

Mein Bevollmächtigter darf in sämtliche Maßnahmen zur Diagnose und Behandlung einer Krankheit einwilligen, die Einwilligung hierzu verweigern oder zurücknehmen, Krankenunterlagen einsehen und in deren Herausgabe an Dritte einwilligen. Zu diesem Zweck entbinde ich die mich behandelnden Ärzte und deren nichtärztliche Mitarbeiter gegenüber meinem Bevollmächtigten von der Schweigepflicht.
Die Entscheidungen meines Bevollmächtigten sind für die behandelnden Ärzte verbindlich.
Diese Vollmacht ist jederzeit ohne besondere Form widerruflich.

—

Sofern ich außerstande bin, meinen Willen zu äußern und der benannte Bevollmächtigte verhindert ist, verfüge ich, nachdem ich mich über die medizinische Situation und die rechtliche Beurteilung eines Aufklärungsverzichts eingehend informiert habe:
Die Anwendung lebensverlängernder Maßnahmen, insbesondere von Operationen, künstlicher Beatmung und Ernährung einschließlich der Magensonde und Aufrechterhaltung der Gehirntätigkeit, soll unterbleiben, wenn **zwei Ärzte** unabhängig voneinander festgestellt haben,

> Bitte Gewünschtes ankreuzen und Ungewünschtes streichen. <

- ☐ dass ich mich unabwendbar im unmittelbaren Sterbeprozess befinde, bei dem jede lebenserhaltende Therapie das Sterben oder das Leiden ohne Aussicht auf Besserung verlängern würde, oder
- ☐ dass ich ohne Aussicht auf Wiedererlangung des Bewusstseins in einem Koma liege, oder
- ☐ dass mit hoher Wahrscheinlichkeit eine Dauerschädigung des Gehirns eintritt, oder
- ☐ dass es zu einem nicht behandelbaren, dauernden Ausfall lebenswichtiger Funktionen meines Körpers kommt.

III Krankheitsfall

Behandlung und Pflege sollen in diesen Fällen auf die Linderung von Schmerzen, Unruhe und Angst gerichtet sein, selbst wenn durch die notwendige Schmerzbehandlung eine Lebensverkürzung nicht auszuschließen ist. Ich möchte in Würde und Frieden sterben können, nach Möglichkeit in meiner vertrauten Umgebung.

☐ Ich wünsche mir seelsorgerische Begleitung durch

Name:

Adresse: Tel.-Nr.:

☐ Bitte verständigen Sie

Name:

Adresse: Tel.-Nr.:

um mir persönlichen Beistand zu leisten.

> Die in dieser Verfügung getroffenen Entscheidungen erfolgten nach eingehender und reiflicher Überlegung und stellen meine generelle ethische Grundeinstellung zu Fragen eines Behandlungsabbruchs dar. In einer konkreten Situation, in der über einen Abbruch der an mir vorgenommenen Heilmaßnahmen zu entscheiden ist, bitte ich meine behandelnden Ärzte, diese Patientenverfügung als verbindlich anzunehmen und entsprechend meinem Willen zu verfahren. Eine andere Entscheidung als die hier zum Ausdruck gebrachte kommt für mich nicht in Frage. <

Wichtig:
Sollte aufgrund wechselnder Gesetze diese Entscheidung von einem Gericht getroffen werden müssen, so beauftrage ich den Bevollmächtigten, die Zustimmung des Gerichtes auch mit Hilfe eines Rechtsanwaltes zu erlangen.

Ich/Wir bestätige(n), dass Frau/Herr

diese Verfügung im Vollbesitz ihrer/seiner geistigen Kräfte verfasst hat und geschäftsfähig war.

Name:

Geburtsdatum: Anschrift:

Ort, Datum:

Unterschrift der Zeugen:

Ort und Datum:

Unterschrift des Vollmachtgebers Unterschrift des Bevollmächtigten

Ort und Datum:

Unterschrift des Vollmachtgebers
[für spätere Bestätigung]

Ort und Datum:

Unterschrift des Vollmachtgebers
[für spätere Bestätigung]

III Krankheitsfall

Person 5

Sollte ich **(Vollmachtgeber)**

Vor- und Zuname:

geboren am: in:

wohnhaft in:

aufgrund von Bewusstlosigkeit oder Bewusstseinstrübung durch Krankheit, Unfall oder sonstige Umstände vorübergehend oder dauerhaft nicht mehr in der Lage sein, meinen Willen zu äußern, bevollmächtige ich hiermit

(Bevollmächtigter)

Vor- und Zuname:

geboren am: in:

wohnhaft in:

mich in allen medizinischen Angelegenheiten zu vertreten.

—

Mein Bevollmächtigter darf in sämtliche Maßnahmen zur Diagnose und Behandlung einer Krankheit einwilligen, die Einwilligung hierzu verweigern oder zurücknehmen, Krankenunterlagen einsehen und in deren Herausgabe an Dritte einwilligen. Zu diesem Zweck entbinde ich die mich behandelnden Ärzte und deren nichtärztliche Mitarbeiter gegenüber meinem Bevollmächtigten von der Schweigepflicht.
Die Entscheidungen meines Bevollmächtigten sind für die behandelnden Ärzte verbindlich.
Diese Vollmacht ist jederzeit ohne besondere Form widerruflich.

—

Sofern ich außerstande bin, meinen Willen zu äußern und der benannte Bevollmächtigte verhindert ist, verfüge ich, nachdem ich mich über die medizinische Situation und die rechtliche Beurteilung eines Aufklärungsverzichts eingehend informiert habe:
Die Anwendung lebensverlängernder Maßnahmen, insbesondere von Operationen, künstlicher Beatmung und Ernährung einschließlich der Magensonde und Aufrechterhaltung der Gehirntätigkeit, soll unterbleiben, wenn **zwei Ärzte** unabhängig voneinander festgestellt haben,

> Bitte Gewünschtes ankreuzen und Ungewünschtes streichen. <

- ☐ dass ich mich unabwendbar im unmittelbaren Sterbeprozess befinde, bei dem jede lebenserhaltende Therapie das Sterben oder das Leiden ohne Aussicht auf Besserung verlängern würde, oder
- ☐ dass ich ohne Aussicht auf Wiedererlangung des Bewusstseins in einem Koma liege, oder
- ☐ dass mit hoher Wahrscheinlichkeit eine Dauerschädigung des Gehirns eintritt, oder
- ☐ dass es zu einem nicht behandelbaren, dauernden Ausfall lebenswichtiger Funktionen meines Körpers kommt.

III Krankheitsfall

Behandlung und Pflege sollen in diesen Fällen auf die Linderung von Schmerzen, Unruhe und Angst gerichtet sein, selbst wenn durch die notwendige Schmerzbehandlung eine Lebensverkürzung nicht auszuschließen ist. Ich möchte in Würde und Frieden sterben können, nach Möglichkeit in meiner vertrauten Umgebung.

☐ Ich wünsche mir seelsorgerische Begleitung durch

Name: ____________________

Adresse: __________ Tel.-Nr.: __________

☐ Bitte verständigen Sie

Name: ____________________

Adresse: __________ Tel.-Nr.: __________

um mir persönlichen Beistand zu leisten.

> Die in dieser Verfügung getroffenen Entscheidungen erfolgten nach eingehender und reiflicher Überlegung und stellen meine generelle ethische Grundeinstellung zu Fragen eines Behandlungsabbruchs dar. In einer konkreten Situation, in der über einen Abbruch der an mir vorgenommenen Heilmaßnahmen zu entscheiden ist, bitte ich meine behandelnden Ärzte, diese Patientenverfügung als verbindlich anzunehmen und entsprechend meinem Willen zu verfahren. Eine andere Entscheidung als die hier zum Ausdruck gebrachte kommt für mich nicht in Frage. <

Wichtig:
Sollte aufgrund wechselnder Gesetze diese Entscheidung von einem Gericht getroffen werden müssen, so beauftrage ich den Bevollmächtigten, die Zustimmung des Gerichtes auch mit Hilfe eines Rechtsanwaltes zu erlangen.

Ich/Wir bestätige(n), dass Frau/Herr ____________________

diese Verfügung im Vollbesitz ihrer/seiner geistigen Kräfte verfasst hat und geschäftsfähig war.

Name: ____________________

Geburtsdatum: __________ Anschrift: __________

Ort, Datum: ____________________

Unterschrift der Zeugen: ____________________

Ort und Datum: ____________________

Unterschrift des Vollmachtgebers Unterschrift des Bevollmächtigten

Ort und Datum: ____________________

Unterschrift des Vollmachtgebers
[für spätere Bestätigung]

Ort und Datum: ____________________

Unterschrift des Vollmachtgebers
[für spätere Bestätigung]

III Krankheitsfall

Patientenverfügung

[Wunsch nach Maximalbehandlung bei ungünstiger Prognose]

Person 1

Sollte ich **(Vollmachtgeber)**

Vor- und Zuname: ______________________________

geboren am: ______________ in: ______________

wohnhaft in: ______________________________

aufgrund von Bewusstlosigkeit oder Bewusstseinstrübung durch Krankheit, Unfall oder sonstige Umstände vorübergehend oder dauerhaft nicht mehr in der Lage sein, meinen Willen zu äußern, bevollmächtige ich hiermit

(Bevollmächtigter)

Vor- und Zuname: ______________________________

geboren am: ______________ in: ______________

wohnhaft in: ______________________________

mich in allen medizinischen Angelegenheiten zu vertreten.

—

Mein Bevollmächtigter darf in sämtliche Maßnahmen zur Diagnose und Behandlung einer Krankheit einwilligen, die Einwilligung hierzu verweigern oder zurücknehmen, Krankenunterlagen einsehen und in deren Herausgabe an Dritte einwilligen. Zu diesem Zweck entbinde ich die mich behandelnden Ärzte und deren nichtärztliche Mitarbeiter gegenüber meinem Bevollmächtigten von der Schweigepflicht.
Die Entscheidungen meines Bevollmächtigten sind für die behandelnden Ärzte verbindlich.
Diese Vollmacht ist jederzeit ohne besondere Form widerruflich.

—

Sofern ich außerstande bin, meinen Willen zu äußern und der benannte Bevollmächtigte verhindert ist, verfüge ich, nachdem ich mich über die medizinische Situation und die rechtliche Beurteilung eines Aufklärungsverzichts eingehend informiert habe:
In der Hoffnung und im Vertrauen auf den medizinischen Fortschritt und die damit verbundene Hoffnung auf zukünftige Heilung derzeit unheilbar erscheinender Krankheiten und Verletzungen wünsche ich in jedem Stadium einer möglichen Erkrankung oder Verletzung, auch bei einer infausten (medizinisch aussichtslosen) Prognose, oder einem bereits eingetretenen Sterbevorgang, dass mir eine optimale medizinische Maximalbehandlung gewährt wird.

Ort, Datum: ______________________________

Unterschrift: ______________________________

III Krankheitsfall

Person 2

Sollte ich **(Vollmachtgeber)**

Vor- und Zuname:

geboren am: in:

wohnhaft in:

aufgrund von Bewusstlosigkeit oder Bewusstseinstrübung durch Krankheit, Unfall oder sonstige Umstände vorübergehend oder dauerhaft nicht mehr in der Lage sein, meinen Willen zu äußern, bevollmächtige ich hiermit

(Bevollmächtigter)

Vor- und Zuname:

geboren am: in:

wohnhaft in:

mich in allen medizinischen Angelegenheiten zu vertreten.

—

Mein Bevollmächtigter darf in sämtliche Maßnahmen zur Diagnose und Behandlung einer Krankheit einwilligen, die Einwilligung hierzu verweigern oder zurücknehmen, Krankenunterlagen einsehen und in deren Herausgabe an Dritte einwilligen. Zu diesem Zweck entbinde ich die mich behandelnden Ärzte und deren nichtärztliche Mitarbeiter gegenüber meinem Bevollmächtigten von der Schweigepflicht.
Die Entscheidungen meines Bevollmächtigten sind für die behandelnden Ärzte verbindlich.
Diese Vollmacht ist jederzeit ohne besondere Form widerruflich.

—

Sofern ich außerstande bin, meinen Willen zu äußern und der benannte Bevollmächtigte verhindert ist, verfüge ich, nachdem ich mich über die medizinische Situation und die rechtliche Beurteilung eines Aufklärungsverzichts eingehend informiert habe:
In der Hoffnung und im Vertrauen auf den medizinischen Fortschritt und die damit verbundene Hoffnung auf zukünftige Heilung derzeit unheilbar erscheinender Krankheiten und Verletzungen wünsche ich in jedem Stadium einer möglichen Erkrankung oder Verletzung, auch bei einer infausten (medizinisch aussichtslosen) Prognose, oder einem bereits eingetretenen Sterbevorgang, dass mir eine optimale medizinische Maximalbehandlung gewährt wird.

Ort, Datum:

Unterschrift:

III Krankheitsfall

Person 3

Sollte ich **(Vollmachtgeber)**

Vor- und Zuname:

geboren am: in:

wohnhaft in:

aufgrund von Bewusstlosigkeit oder Bewusstseinstrübung durch Krankheit, Unfall oder sonstige Umstände vorübergehend oder dauerhaft nicht mehr in der Lage sein, meinen Willen zu äußern, bevollmächtige ich hiermit

(Bevollmächtigter)

Vor- und Zuname:

geboren am: in:

wohnhaft in:

mich in allen medizinischen Angelegenheiten zu vertreten.

Mein Bevollmächtigter darf in sämtliche Maßnahmen zur Diagnose und Behandlung einer Krankheit einwilligen, die Einwilligung hierzu verweigern oder zurücknehmen, Krankenunterlagen einsehen und in deren Herausgabe an Dritte einwilligen. Zu diesem Zweck entbinde ich die mich behandelnden Ärzte und deren nichtärztliche Mitarbeiter gegenüber meinem Bevollmächtigten von der Schweigepflicht.
Die Entscheidungen meines Bevollmächtigten sind für die behandelnden Ärzte verbindlich.
Diese Vollmacht ist jederzeit ohne besondere Form widerruflich.

Sofern ich außerstande bin, meinen Willen zu äußern und der benannte Bevollmächtigte verhindert ist, verfüge ich, nachdem ich mich über die medizinische Situation und die rechtliche Beurteilung eines Aufklärungsverzichts eingehend informiert habe:
In der Hoffnung und im Vertrauen auf den medizinischen Fortschritt und die damit verbundene Hoffnung auf zukünftige Heilung derzeit unheilbar erscheinender Krankheiten und Verletzungen wünsche ich in jedem Stadium einer möglichen Erkrankung oder Verletzung, auch bei einer infausten (medizinisch aussichtslosen) Prognose, oder einem bereits eingetretenen Sterbevorgang, dass mir eine optimale medizinische Maximalbehandlung gewährt wird.

Ort, Datum:

Unterschrift:

III Krankheitsfall

Person 4

Sollte ich **(Vollmachtgeber)**

Vor- und Zuname:

geboren am: in:

wohnhaft in:

aufgrund von Bewusstlosigkeit oder Bewusstseinstrübung durch Krankheit, Unfall oder sonstige Umstände vorübergehend oder dauerhaft nicht mehr in der Lage sein, meinen Willen zu äußern, bevollmächtige ich hiermit

(Bevollmächtigter)

Vor- und Zuname:

geboren am: in:

wohnhaft in:

mich in allen medizinischen Angelegenheiten zu vertreten.

—

Mein Bevollmächtigter darf in sämtliche Maßnahmen zur Diagnose und Behandlung einer Krankheit einwilligen, die Einwilligung hierzu verweigern oder zurücknehmen, Krankenunterlagen einsehen und in deren Herausgabe an Dritte einwilligen. Zu diesem Zweck entbinde ich die mich behandelnden Ärzte und deren nichtärztliche Mitarbeiter gegenüber meinem Bevollmächtigten von der Schweigepflicht.
Die Entscheidungen meines Bevollmächtigten sind für die behandelnden Ärzte verbindlich.
Diese Vollmacht ist jederzeit ohne besondere Form widerruflich.

—

Sofern ich außerstande bin, meinen Willen zu äußern und der benannte Bevollmächtigte verhindert ist, verfüge ich, nachdem ich mich über die medizinische Situation und die rechtliche Beurteilung eines Aufklärungsverzichts eingehend informiert habe:
In der Hoffnung und im Vertrauen auf den medizinischen Fortschritt und die damit verbundene Hoffnung auf zukünftige Heilung derzeit unheilbar erscheinender Krankheiten und Verletzungen wünsche ich in jedem Stadium einer möglichen Erkrankung oder Verletzung, auch bei einer infausten (medizinisch aussichtslosen) Prognose, oder einem bereits eingetretenen Sterbevorgang, dass mir eine optimale medizinische Maximalbehandlung gewährt wird.

Ort, Datum:

Unterschrift:

III Krankheitsfall

Person 5

Sollte ich **(Vollmachtgeber)**

Vor- und Zuname:

geboren am: in:

wohnhaft in:

aufgrund von Bewusstlosigkeit oder Bewusstseinstrübung durch Krankheit, Unfall oder sonstige Umstände vorübergehend oder dauerhaft nicht mehr in der Lage sein, meinen Willen zu äußern, bevollmächtige ich hiermit

(Bevollmächtigter)

Vor- und Zuname:

geboren am: in:

wohnhaft in:

mich in allen medizinischen Angelegenheiten zu vertreten.

—

Mein Bevollmächtigter darf in sämtliche Maßnahmen zur Diagnose und Behandlung einer Krankheit einwilligen, die Einwilligung hierzu verweigern oder zurücknehmen, Krankenunterlagen einsehen und in deren Herausgabe an Dritte einwilligen. Zu diesem Zweck entbinde ich die mich behandelnden Ärzte und deren nichtärztliche Mitarbeiter gegenüber meinem Bevollmächtigten von der Schweigepflicht.
Die Entscheidungen meines Bevollmächtigten sind für die behandelnden Ärzte verbindlich.
Diese Vollmacht ist jederzeit ohne besondere Form widerruflich.

—

Sofern ich außerstande bin, meinen Willen zu äußern und der benannte Bevollmächtigte verhindert ist, verfüge ich, nachdem ich mich über die medizinische Situation und die rechtliche Beurteilung eines Aufklärungsverzichts eingehend informiert habe:
In der Hoffnung und im Vertrauen auf den medizinischen Fortschritt und die damit verbundene Hoffnung auf zukünftige Heilung derzeit unheilbar erscheinender Krankheiten und Verletzungen wünsche ich in jedem Stadium einer möglichen Erkrankung oder Verletzung, auch bei einer infausten (medizinisch aussichtslosen) Prognose, oder einem bereits eingetretenen Sterbevorgang, dass mir eine optimale medizinische Maximalbehandlung gewährt wird.

Ort, Datum:

Unterschrift:

Persönliche Notizen

III Krankheitsfall

Hinweise zur Betreuungsverfügung

Diese Verfügung leitet sich aus §1901 a BGB ab. Danach muss das Vormundschaftsgericht die benannte Person bestellen und bei schwerwiegenden Maßnahmen wie z. B. Behandlungsabbruch die notwendige Genehmigung erteilen.

In der Betreuungsverfügung wird eine Person des eigenen Vertrauens benannt für den Fall, dass das Vormundschaftsgericht wegen eigener Entscheidungsunfähigkeit des Verfügenden einen Betreuer [früher Pfleger genannt] einsetzt.

Die schriftliche Form, nicht zwingend handschriftlich, ist erforderlich sowie die eigenhändige Unterschrift, die in Abständen von ca. 2 Jahren erneuert werden sollte, damit Außenstehende den zeitnahen Willen erkennen können. Ebenfalls sollte alle zwei Jahre ein Zeuge bestätigen, dass der Verfasser bei seiner Unterschrift im Vollbesitz seiner geistigen Kräfte war. Es ist aber ratsam, nicht die als Betreuer benannte Person als Zeugen zu nennen. Eine notarielle Bestätigung dieser Urkunde ist nicht erforderlich.

Persönliche Notizen

III Krankheitsfall

Betreuungsverfügung

[Dient auch zur Vorlage beim Vormundschaftsgericht]

Person 1

Ich **(Vollmachtgeber)**
Vor- und Zuname:

geboren am: in:

wohnhaft in:

schlage für den Fall, dass für mich ein gesetzlicher Betreuer bestellt werden muss, gemäß § 1897 BGB hierfür die folgende Person als Betreuer für alle erforderlichen Angelegenheiten vor:

Frau/Herrn: geb. am

wohnhaft: Telefon:

Falls die vorbezeichnete Person nicht übernehmen will oder kann, schlage ich als Ersatzperson die folgende Person vor:

Frau/Herrn: geb. am

wohnhaft: Telefon:

Auf keinen Fall wünsche ich, dass die folgende Person zum Betreuer bestellt wird:

Frau/Herrn: geb. am

wohnhaft: Telefon:

Die in meiner Patientenverfügung vom _________ geäußerten Wünsche sind von meinem Betreuer zu befolgen. Insbesondere obliegt es meinem Betreuer auch, die in meiner Patientenverfügung von mir niedergelegten Wünsche gegenüber Ärzten und Pflegepersonal, aber ggf. auch gegenüber dem Vormundschaftsgericht durchzusetzen.

Ort, Datum:

Unterschrift:

Ich/Wir bestätige(n), dass Frau/Herr:

diese Verfügung im Vollbesitz ihrer/seiner geistigen Kräfte verfasst hat und geschäftsfähig war.

Name:

Geburtsdatum: Anschrift:

Ort, Datum:

[Unterschrift des Zeugen]

Persönliche Notizen

III Krankheitsfall

Person 2

Ich **(Vollmachtgeber)**
Vor- und Zuname:

geboren am: in:

wohnhaft in:

schlage für den Fall, dass für mich ein gesetzlicher Betreuer bestellt werden muss, gemäß § 1897 BGB hierfür die folgende Person als Betreuer für alle erforderlichen Angelegenheiten vor:

Frau/Herrn: geb. am

wohnhaft: Telefon:

Falls die vorbezeichnete Person nicht übernehmen will oder kann, schlage ich als Ersatzperson die folgende Person vor:

Frau/Herrn: geb. am

wohnhaft: Telefon:

Auf keinen Fall wünsche ich, dass die folgende Person zum Betreuer bestellt wird:

Frau/Herrn: geb. am

wohnhaft: Telefon:

Die in meiner Patientenverfügung vom _________ geäußerten Wünsche sind von meinem Betreuer zu befolgen. Insbesondere obliegt es meinem Betreuer auch, die in meiner Patientenverfügung von mir niedergelegten Wünsche gegenüber Ärzten und Pflegepersonal, aber ggf. auch gegenüber dem Vormundschaftsgericht durchzusetzen.

Ort, Datum:

Unterschrift:

Ich/Wir bestätige(n), dass Frau/Herr:

diese Verfügung im Vollbesitz ihrer/seiner geistigen Kräfte verfasst hat und geschäftsfähig war.

Name:

Geburtsdatum: Anschrift:

Ort, Datum:

[Unterschrift des Zeugen]

Persönliche Notizen

III Krankheitsfall

Person 3

Ich **(Vollmachtgeber)**
Vor- und Zuname:

geboren am: in:

wohnhaft in:

schlage für den Fall, dass für mich ein gesetzlicher Betreuer bestellt werden muss, gemäß § 1897 BGB hierfür die folgende Person als Betreuer für alle erforderlichen Angelegenheiten vor:

Frau/Herrn: geb. am

wohnhaft: Telefon:

Falls die vorbezeichnete Person nicht übernehmen will oder kann, schlage ich als Ersatzperson die folgende Person vor:

Frau/Herrn: geb. am

wohnhaft: Telefon:

Auf keinen Fall wünsche ich, dass die folgende Person zum Betreuer bestellt wird:

Frau/Herrn: geb. am

wohnhaft: Telefon:

Die in meiner Patientenverfügung vom _________ geäußerten Wünsche sind von meinem Betreuer zu befolgen. Insbesondere obliegt es meinem Betreuer auch, die in meiner Patientenverfügung von mir niedergelegten Wünsche gegenüber Ärzten und Pflegepersonal, aber ggf. auch gegenüber dem Vormundschaftsgericht durchzusetzen.

Ort, Datum:

Unterschrift:

Ich/Wir bestätige(n), dass Frau/Herr:

diese Verfügung im Vollbesitz ihrer/seiner geistigen Kräfte verfasst hat und geschäftsfähig war.

Name:

Geburtsdatum: Anschrift:

Ort, Datum:

[Unterschrift des Zeugen]

Persönliche Notizen

III Krankheitsfall

Person 4

Ich **(Vollmachtgeber)**
Vor- und Zuname:

geboren am: in:

wohnhaft in:

schlage für den Fall, dass für mich ein gesetzlicher Betreuer bestellt werden muss, gemäß § 1897 BGB hierfür die folgende Person als Betreuer für alle erforderlichen Angelegenheiten vor:

Frau/Herrn: geb. am

wohnhaft: Telefon:

Falls die vorbezeichnete Person nicht übernehmen will oder kann, schlage ich als Ersatzperson die folgende Person vor:

Frau/Herrn: geb. am

wohnhaft: Telefon:

Auf keinen Fall wünsche ich, dass die folgende Person zum Betreuer bestellt wird:

Frau/Herrn: geb. am

wohnhaft: Telefon:

Die in meiner Patientenverfügung vom _________ geäußerten Wünsche sind von meinem Betreuer zu befolgen. Insbesondere obliegt es meinem Betreuer auch, die in meiner Patientenverfügung von mir niedergelegten Wünsche gegenüber Ärzten und Pflegepersonal, aber ggf. auch gegenüber dem Vormundschaftsgericht durchzusetzen.

Ort, Datum:

Unterschrift:

Ich/Wir bestätige(n), dass Frau/Herr:

diese Verfügung im Vollbesitz ihrer/seiner geistigen Kräfte verfasst hat und geschäftsfähig war.

Name:

Geburtsdatum: Anschrift:

Ort, Datum:

[Unterschrift des Zeugen]

Persönliche Notizen

III Krankheitsfall

Person 5

Ich **(Vollmachtgeber)**
Vor- und Zuname:

geboren am: in:

wohnhaft in:

schlage für den Fall, dass für mich ein gesetzlicher Betreuer bestellt werden muss, gemäß § 1897 BGB hierfür die folgende Person als Betreuer für alle erforderlichen Angelegenheiten vor:

Frau/Herrn: geb. am

wohnhaft: Telefon:

Falls die vorbezeichnete Person nicht übernehmen will oder kann, schlage ich als Ersatzperson die folgende Person vor:

Frau/Herrn: geb. am

wohnhaft: Telefon:

Auf keinen Fall wünsche ich, dass die folgende Person zum Betreuer bestellt wird:

Frau/Herrn: geb. am

wohnhaft: Telefon:

Die in meiner Patientenverfügung vom _________ geäußerten Wünsche sind von meinem Betreuer zu befolgen. Insbesondere obliegt es meinem Betreuer auch, die in meiner Patientenverfügung von mir niedergelegten Wünsche gegenüber Ärzten und Pflegepersonal, aber ggf. auch gegenüber dem Vormundschaftsgericht durchzusetzen.

Ort, Datum:

Unterschrift:

Ich/Wir bestätige(n), dass Frau/Herr:

diese Verfügung im Vollbesitz ihrer/seiner geistigen Kräfte verfasst hat und geschäftsfähig war.

Name:

Geburtsdatum: Anschrift:

Ort, Datum:

[Unterschrift des Zeugen]

Persönliche Notizen

III Krankheitsfall

Hinweise bezüglich der Vorsorgevollmacht

Diese Verfügung leitet sich aus §1896 Abs. 2 Satz 2 BGB ab und bevollmächtigt die benannte Person Ihres Vertrauens im Falle eigener Entscheidungs- und Handlungsunfähigkeit für den Vollmachtserteilenden rechtswirksam zu handeln. Die Mitwirkung des Vormundschaftsgerichtes entfällt dabei in der Regel.

—

Die Vorsorgevollmacht ergänzt die Patientenverfügung in wirtschaftlicher Hinsicht.

—

Die schriftliche Form, nicht zwingend die handschriftliche, ist erforderlich. Die eigenhändige Unterschrift sollte in Abständen von ca. zwei Jahren erneuert werden, damit der zeitnahe Wille für Außenstehende erkennbar ist. Die Unterschrift des Vollmachtgebers sollte dabei von einem Zeugen bestätigt werden, der bekundet, dass der Verfasser bei seiner Unterschrift im Vollbesitz seiner geistigen Kräfte war.

—

Es wird angeraten, die bevollmächtigte Person nicht als Zeugen zu nehmen. Die notarielle Bestätigung ist gesetzlich nicht vorgeschrieben. Wir raten jedoch an, diese Unterschrift notariell beglaubigen zu lassen, damit auch Banken und Behörden daran gebunden sind.

Persönliche Notizen

III KRANKHEITSFALL

VORSORGEVOLLMACHT

PERSON 1

Name: ______________________________

Geburtsdatum: ______________________________

Wohnort: ______________________________

Für den Fall, dass ich vorübergehend oder dauerhaft nicht in der Lage sein sollte, meine Angelegenheiten selbst zu regeln und meinen Willen zu äußern, bevollmächtige ich über meinen Tod hinaus gemäß §§1896 Abs. 2, 164 ff. BGB

Frau/Herrn: ______________ geb. am: ______________

wohnhaft: ______________ Telefon: ______________

ersatzweise
Frau/Herrn: ______________ geb. am: ______________

wohnhaft: ______________ Telefon: ______________

Die Feststellung, dass ich wegen meiner körperlichen oder geistigen Verfassung außerstande bin, meine Angelegenheiten selbst zu regeln und meinen Willen zu äußern, muss in jedem Falle von einem Arzt getroffen werden.

UMFANG DER VOLLMACHT

Die Vollmacht erstreckt sich auf alle Vermögens-, Renten-, Kranken-, Pflegeversicherungs-, Sozialhilfe-, Steuer- und sonstigen Rechtsangelegenheiten in jeder denkbaren Richtung. Sie berechtigt und verpflichtet meinen Bevollmächtigten, meinem Willen entsprechend zu handeln, wie er in dieser Vollmacht zum Ausdruck kommt. Die Vollmacht umfasst insbesondere folgende Befugnisse.

- Vermögenserwerbungen und -veräußerungen sowie Belastungen jeder Art für den Vollmachtgeber vorzunehmen und Verbindlichkeiten beliebiger Art und Höhe für mich – auch in vollstreckbarer Form – einzugehen;
- Vermögenswerte beliebiger Art, namentlich Geld, Sachen, Wertpapiere und Schriftstücke für mich in Empfang zu nehmen;
- über meine vorhandenen Konten bei Banken beliebig zu verfügen;
- Verträge sonstiger Art unter beliebigen Bestimmungen abzuschließen, Vergleiche einzugehen, Verzichte zu erklären und Nachlässe zu bewilligen;
- mich als Erben, Pflichtteilsberechtigten, Vermächtnisnehmer, Schenker oder Beschenkten in jeder Weise, namentlich auch bei Vermögens- und Gemeinschaftsauseinandersetzungen jeder Art, zu vertreten und auch Ausschlagungserklärungen für mich abzugeben;
- meine Versorgungsangelegenheiten (Pension, Rente usw.) zu regeln;
- Prozesse für mich als Kläger oder Beklagter zu führen und hierbei die Rechte eines Prozessbevollmächtigten im vollen Umfange des § 81 ZPO auszuüben, mich in allen gerichtlichen und außergerichtlichen Verfahren als Gläubiger oder Schuldner, Kläger oder Beklagten oder in jeder sonstwie in Frage kommenden Eigenschaft ohne jede Einschränkung zu vertreten;

III Krankheitsfall

- zu allen Verfahrenshandlungen, auch i. S. v. § 13 SGB X;
- den Haushalt aufzulösen und über das Inventar zu verfügen;
- Vereinbarungen mit Kliniken, Alters- und Pflegeheimen abzuschließen und zum Zwecke hierfür Sicherungshypotheken auch für den Sozialhilfeträger zu bestellen;
- den Vollmachtgeber gegenüber Gerichten zu vertreten sowie Prozesshandlungen aller Art vorzunehmen.

Bei nachfolgendem Todesfall

- über Art und Umfang der Beerdigung zu entscheiden und Sterbegelder in Empfang zu nehmen und darüber zu quittieren;
- den Nachlass bis zur amtlichen Feststellung der Erben in Besitz zu nehmen und zu verwalten;

Die Vollmacht wird mit der Unterzeichnung durch mich wirksam und gilt nach außen uneingeschränkt.

Im Innenverhältnis wird der Bevollmächtigte jedoch angewiesen, die Vollmacht nur nach meiner vorherigen Weisung zu gebrauchen.

Die Vollmacht ist nur wirksam, soweit und solange der Bevollmächtigte bei einer Vornahme einer jeden Vertreterhandlung im unmittelbaren Besitz der Vollmachtsurkunde ist.
Der Bevollmächtigte kann diese Vollmacht ganz oder teilweise auf andere übertragen und eine solche Übertragung widerrufen.

Widerruf der Vollmacht

Ich behalte mir vor, diese Vollmacht jederzeit zu widerrufen.

Wichtig: Sollte aufgrund wechselnder Gesetze diese Entscheidung von einem Gericht getroffen werden müssen, so beauftrage ich den Bevollmächtigten, die Zustimmung des Gerichtes auch mit Hilfe eines Rechtsanwaltes zu erlangen.

Datum, Unterschrift der Vollmachtgeberin/des Vollmachtgebers:

____

____
[für spätere Bestätigung]

____
[für spätere Bestätigung]

Ich/Wir bestätige(n), dass Frau/Herr:

Diese Verfügung im Vollbesitz ihrer/seiner geistigen Kräfte verfasst hat und geschäftsfähig war.

Name:

Geburtsdatum: Anschrift:

Ort, Datum:

[Unterschrift des Zeugen]

III Krankheitsfall

Vorsorgevollmacht

Person 2

Name:

Geburtsdatum:

Wohnort:

Für den Fall, dass ich vorübergehend oder dauerhaft nicht in der Lage sein sollte, meine Angelegenheiten selbst zu regeln und meinen Willen zu äußern, bevollmächtige ich über meinen Tod hinaus gemäß §§1896 Abs. 2, 164 ff. BGB

Frau/Herrn: geb. am

wohnhaft: Telefon:

ersatzweise
Frau/Herrn: geb. am

wohnhaft: Telefon:

Die Feststellung, dass ich wegen meiner körperlichen oder geistigen Verfassung außerstande bin, meine Angelegenheiten selbst zu regeln und meinen Willen zu äußern, muss in jedem Falle von einem Arzt getroffen werden.

Umfang der Vollmacht

Die Vollmacht erstreckt sich auf alle Vermögens-, Renten-, Kranken-, Pflegeversicherungs-, Sozialhilfe-, Steuer- und sonstigen Rechtsangelegenheiten in jeder denkbaren Richtung. Sie berechtigt und verpflichtet meinen Bevollmächtigten, meinem Willen entsprechend zu handeln, wie er in dieser Vollmacht zum Ausdruck kommt. Die Vollmacht umfasst insbesondere folgende Befugnisse.

- Vermögenserwerbungen und -veräußerungen sowie Belastungen jeder Art für den Vollmachtgeber vorzunehmen und Verbindlichkeiten beliebiger Art und Höhe für mich – auch in vollstreckbarer Form – einzugehen;
- Vermögenswerte beliebiger Art, namentlich Geld, Sachen, Wertpapiere und Schriftstücke für mich in Empfang zu nehmen;
- über meine vorhandenen Konten bei Banken beliebig zu verfügen;
- Verträge sonstiger Art unter beliebigen Bestimmungen abzuschließen, Vergleiche einzugehen, Verzichte zu erklären und Nachlässe zu bewilligen;
- mich als Erben, Pflichtteilsberechtigten, Vermächtnisnehmer, Schenker oder Beschenkten in jeder Weise, namentlich auch bei Vermögens- und Gemeinschaftsauseinandersetzungen jeder Art, zu vertreten und auch Ausschlagungserklärungen für mich abzugeben;
- meine Versorgungsangelegenheiten (Pension, Rente usw.) zu regeln;
- Prozesse für mich als Kläger oder Beklagter zu führen und hierbei die Rechte eines Prozessbevollmächtigten im vollen Umfange des § 81 ZPO auszuüben, mich in allen gerichtlichen und außergerichtlichen Verfahren als Gläubiger oder Schuldner, Kläger oder Beklagten oder in jeder sonstwie in Frage kommenden Eigenschaft ohne jede Einschränkung zu vertreten;

III Krankheitsfall

- zu allen Verfahrenshandlungen, auch i. S. v. § 13 SGB X;
- den Haushalt aufzulösen und über das Inventar zu verfügen;
- Vereinbarungen mit Kliniken, Alters- und Pflegeheimen abzuschließen und zum Zwecke hierfür Sicherungshypotheken auch für den Sozialhilfeträger zu bestellen;
- den Vollmachtgeber gegenüber Gerichten zu vertreten sowie Prozesshandlungen aller Art vorzunehmen.

Bei nachfolgendem Todesfall

- über Art und Umfang der Beerdigung zu entscheiden und Sterbegelder in Empfang zu nehmen und darüber zu quittieren;
- den Nachlass bis zur amtlichen Feststellung der Erben in Besitz zu nehmen und zu verwalten;

Die Vollmacht wird mit der Unterzeichnung durch mich wirksam und gilt nach außen uneingeschränkt.

Im Innenverhältnis wird der Bevollmächtigte jedoch angewiesen, die Vollmacht nur nach meiner vorherigen Weisung zu gebrauchen.

Die Vollmacht ist nur wirksam, soweit und solange der Bevollmächtigte bei einer Vornahme einer jeden Vertreterhandlung im unmittelbaren Besitz der Vollmachtsurkunde ist.
Der Bevollmächtigte kann diese Vollmacht ganz oder teilweise auf andere übertragen und eine solche Übertragung widerrufen.

Widerruf der Vollmacht

Ich behalte mir vor, diese Vollmacht jederzeit zu widerrufen.

Wichtig: Sollte aufgrund wechselnder Gesetze diese Entscheidung von einem Gericht getroffen werden müssen, so beauftrage ich den Bevollmächtigten, die Zustimmung des Gerichtes auch mit Hilfe eines Rechtsanwaltes zu erlangen.

Datum, Unterschrift der Vollmachtgeberin/des Vollmachtgebers:

____

____

[für spätere Bestätigung]

____

[für spätere Bestätigung]

Ich/Wir bestätige(n), dass Frau/Herr: ____________________

Diese Verfügung im Vollbesitz ihrer/seiner geistigen Kräfte verfasst hat und geschäftsfähig war.

Name: ____________________

Geburtsdatum: __________ Anschrift: ____________________

Ort, Datum: ____________________

[Unterschrift des Zeugen]

III Krankheitsfall

Vorsorgevollmacht

Person 3

Name:

Geburtsdatum:

Wohnort:

Für den Fall, dass ich vorübergehend oder dauerhaft nicht in der Lage sein sollte, meine Angelegenheiten selbst zu regeln und meinen Willen zu äußern, bevollmächtige ich über meinen Tod hinaus gemäß §§1896 Abs. 2, 164 ff. BGB

Frau/Herrn: geb. am

wohnhaft: Telefon:

ersatzweise

Frau/Herrn: geb. am

wohnhaft: Telefon:

Die Feststellung, dass ich wegen meiner körperlichen oder geistigen Verfassung außerstande bin, meine Angelegenheiten selbst zu regeln und meinen Willen zu äußern, muss in jedem Falle von einem Arzt getroffen werden.

Umfang der Vollmacht

Die Vollmacht erstreckt sich auf alle Vermögens-, Renten-, Kranken-, Pflegeversicherungs-, Sozialhilfe-, Steuer- und sonstigen Rechtsangelegenheiten in jeder denkbaren Richtung. Sie berechtigt und verpflichtet meinen Bevollmächtigten, meinem Willen entsprechend zu handeln, wie er in dieser Vollmacht zum Ausdruck kommt. Die Vollmacht umfasst insbesondere folgende Befugnisse.

- Vermögenserwerbungen und -veräußerungen sowie Belastungen jeder Art für den Vollmachtgeber vorzunehmen und Verbindlichkeiten beliebiger Art und Höhe für mich – auch in vollstreckbarer Form – einzugehen;
- Vermögenswerte beliebiger Art, namentlich Geld, Sachen, Wertpapiere und Schriftstücke für mich in Empfang zu nehmen;
- über meine vorhandenen Konten bei Banken beliebig zu verfügen;
- Verträge sonstiger Art unter beliebigen Bestimmungen abzuschließen, Vergleiche einzugehen, Verzichte zu erklären und Nachlässe zu bewilligen;
- mich als Erben, Pflichtteilsberechtigten, Vermächtnisnehmer, Schenker oder Beschenkten in jeder Weise, namentlich auch bei Vermögens- und Gemeinschaftsauseinandersetzungen jeder Art, zu vertreten und auch Ausschlagungserklärungen für mich abzugeben;
- meine Versorgungsangelegenheiten (Pension, Rente usw.) zu regeln;
- Prozesse für mich als Kläger oder Beklagter zu führen und hierbei die Rechte eines Prozessbevollmächtigten im vollen Umfange des § 81 ZPO auszuüben, mich in allen gerichtlichen und außergerichtlichen Verfahren als Gläubiger oder Schuldner, Kläger oder Beklagten oder in jeder sonstwie in Frage kommenden Eigenschaft ohne jede Einschränkung zu vertreten;

III Krankheitsfall

- zu allen Verfahrenshandlungen, auch i. S. v. § 13 SGB X;
- den Haushalt aufzulösen und über das Inventar zu verfügen;
- Vereinbarungen mit Kliniken, Alters- und Pflegeheimen abzuschließen und zum Zwecke hierfür Sicherungshypotheken auch für den Sozialhilfeträger zu bestellen;
- den Vollmachtgeber gegenüber Gerichten zu vertreten sowie Prozesshandlungen aller Art vorzunehmen.

Bei nachfolgendem Todesfall

- über Art und Umfang der Beerdigung zu entscheiden und Sterbegelder in Empfang zu nehmen und darüber zu quittieren;
- den Nachlass bis zur amtlichen Feststellung der Erben in Besitz zu nehmen und zu verwalten;

Die Vollmacht wird mit der Unterzeichnung durch mich wirksam und gilt nach außen uneingeschränkt.

Im Innenverhältnis wird der Bevollmächtigte jedoch angewiesen, die Vollmacht nur nach meiner vorherigen Weisung zu gebrauchen.

Die Vollmacht ist nur wirksam, soweit und solange der Bevollmächtigte bei einer Vornahme einer jeden Vertreterhandlung im unmittelbaren Besitz der Vollmachtsurkunde ist.
Der Bevollmächtigte kann diese Vollmacht ganz oder teilweise auf andere übertragen und eine solche Übertragung widerrufen.

Widerruf der Vollmacht

Ich behalte mir vor, diese Vollmacht jederzeit zu widerrufen.

Wichtig: Sollte aufgrund wechselnder Gesetze diese Entscheidung von einem Gericht getroffen werden müssen, so beauftrage ich den Bevollmächtigten, die Zustimmung des Gerichtes auch mit Hilfe eines Rechtsanwaltes zu erlangen.

Datum, Unterschrift der Vollmachtgeberin/des Vollmachtgebers:

____

____

[für spätere Bestätigung]

____

[für spätere Bestätigung]

Ich/Wir bestätige(n), dass Frau/Herr: ____________________

Diese Verfügung im Vollbesitz ihrer/seiner geistigen Kräfte verfasst hat und geschäftsfähig war.

Name: ____________________

Geburtsdatum: Anschrift: ____________________

Ort, Datum: ____________________

[Unterschrift des Zeugen]

III Krankheitsfall

Vorsorgevollmacht

Person 4

Name: ______________________________

Geburtsdatum: ______________________________

Wohnort: ______________________________

Für den Fall, dass ich vorübergehend oder dauerhaft nicht in der Lage sein sollte, meine Angelegenheiten selbst zu regeln und meinen Willen zu äußern, bevollmächtige ich über meinen Tod hinaus gemäß §§1896 Abs. 2, 164 ff. BGB

Frau/Herrn: ______________________________ geb. am ______________

wohnhaft: ______________________________ Telefon: ______________

ersatzweise

Frau/Herrn: ______________________________ geb. am ______________

wohnhaft: ______________________________ Telefon: ______________

Die Feststellung, dass ich wegen meiner körperlichen oder geistigen Verfassung außerstande bin, meine Angelegenheiten selbst zu regeln und meinen Willen zu äußern, muss in jedem Falle von einem Arzt getroffen werden.

Umfang der Vollmacht

Die Vollmacht erstreckt sich auf alle Vermögens-, Renten-, Kranken-, Pflegeversicherungs-, Sozialhilfe-, Steuer- und sonstigen Rechtsangelegenheiten in jeder denkbaren Richtung. Sie berechtigt und verpflichtet meinen Bevollmächtigten, meinem Willen entsprechend zu handeln, wie er in dieser Vollmacht zum Ausdruck kommt. Die Vollmacht umfasst insbesondere folgende Befugnisse.

- Vermögenserwerbungen und -veräußerungen sowie Belastungen jeder Art für den Vollmachtgeber vorzunehmen und Verbindlichkeiten beliebiger Art und Höhe für mich – auch in vollstreckbarer Form – einzugehen;
- Vermögenswerte beliebiger Art, namentlich Geld, Sachen, Wertpapiere und Schriftstücke für mich in Empfang zu nehmen;
- über meine vorhandenen Konten bei Banken beliebig zu verfügen;
- Verträge sonstiger Art unter beliebigen Bestimmungen abzuschließen, Vergleiche einzugehen, Verzichte zu erklären und Nachlässe zu bewilligen;
- mich als Erben, Pflichtteilsberechtigten, Vermächtnisnehmer, Schenker oder Beschenkten in jeder Weise, namentlich auch bei Vermögens- und Gemeinschaftsauseinandersetzungen jeder Art, zu vertreten und auch Ausschlagungserklärungen für mich abzugeben;
- meine Versorgungsangelegenheiten (Pension, Rente usw.) zu regeln;
- Prozesse für mich als Kläger oder Beklagter zu führen und hierbei die Rechte eines Prozessbevollmächtigten im vollen Umfange des § 81 ZPO auszuüben, mich in allen gerichtlichen und außergerichtlichen Verfahren als Gläubiger oder Schuldner, Kläger oder Beklagten oder in jeder sonstwie in Frage kommenden Eigenschaft ohne jede Einschränkung zu vertreten;

III Krankheitsfall

- zu allen Verfahrenshandlungen, auch i. S. v. § 13 SGB X;
- den Haushalt aufzulösen und über das Inventar zu verfügen;
- Vereinbarungen mit Kliniken, Alters- und Pflegeheimen abzuschließen und zum Zwecke hierfür Sicherungshypotheken auch für den Sozialhilfeträger zu bestellen;
- den Vollmachtgeber gegenüber Gerichten zu vertreten sowie Prozesshandlungen aller Art vorzunehmen.

Bei nachfolgendem Todesfall

- über Art und Umfang der Beerdigung zu entscheiden und Sterbegelder in Empfang zu nehmen und darüber zu quittieren;
- den Nachlass bis zur amtlichen Feststellung der Erben in Besitz zu nehmen und zu verwalten;

Die Vollmacht wird mit der Unterzeichnung durch mich wirksam und gilt nach außen uneingeschränkt.

Im Innenverhältnis wird der Bevollmächtigte jedoch angewiesen, die Vollmacht nur nach meiner vorherigen Weisung zu gebrauchen.

Die Vollmacht ist nur wirksam, soweit und solange der Bevollmächtigte bei einer Vornahme einer jeden Vertreterhandlung im unmittelbaren Besitz der Vollmachtsurkunde ist.
Der Bevollmächtigte kann diese Vollmacht ganz oder teilweise auf andere übertragen und eine solche Übertragung widerrufen.

Widerruf der Vollmacht

Ich behalte mir vor, diese Vollmacht jederzeit zu widerrufen.

Wichtig: Sollte aufgrund wechselnder Gesetze diese Entscheidung von einem Gericht getroffen werden müssen, so beauftrage ich den Bevollmächtigten, die Zustimmung des Gerichtes auch mit Hilfe eines Rechtsanwaltes zu erlangen.

Datum, Unterschrift der Vollmachtgeberin/des Vollmachtgebers:

____

____

[für spätere Bestätigung]

____

[für spätere Bestätigung]

Ich/Wir bestätige(n), dass Frau/Herr: ____

Diese Verfügung im Vollbesitz ihrer/seiner geistigen Kräfte verfasst hat und geschäftsfähig war.

Name: ____

Geburtsdatum: Anschrift: ____

Ort, Datum: ____

[Unterschrift des Zeugen]

III Krankheitsfall

Vorsorgevollmacht

Person 5

Name:

Geburtsdatum:

Wohnort:

Für den Fall, dass ich vorübergehend oder dauerhaft nicht in der Lage sein sollte, meine Angelegenheiten selbst zu regeln und meinen Willen zu äußern, bevollmächtige ich über meinen Tod hinaus gemäß §§1896 Abs. 2, 164 ff. BGB

Frau/Herrn: geb. am

wohnhaft: Telefon:

ersatzweise
Frau/Herrn: geb. am

wohnhaft: Telefon:

Die Feststellung, dass ich wegen meiner körperlichen oder geistigen Verfassung außerstande bin, meine Angelegenheiten selbst zu regeln und meinen Willen zu äußern, muss in jedem Falle von einem Arzt getroffen werden.

Umfang der Vollmacht

Die Vollmacht erstreckt sich auf alle Vermögens-, Renten-, Kranken-, Pflegeversicherungs-, Sozialhilfe-, Steuer- und sonstigen Rechtsangelegenheiten in jeder denkbaren Richtung. Sie berechtigt und verpflichtet meinen Bevollmächtigten, meinem Willen entsprechend zu handeln, wie er in dieser Vollmacht zum Ausdruck kommt. Die Vollmacht umfasst insbesondere folgende Befugnisse.

- Vermögenserwerbungen und -veräußerungen sowie Belastungen jeder Art für den Vollmachtgeber vorzunehmen und Verbindlichkeiten beliebiger Art und Höhe für mich _ auch in vollstreckbarer Form – einzugehen;
- Vermögenswerte beliebiger Art, namentlich Geld, Sachen, Wertpapiere und Schriftstücke für mich in Empfang zu nehmen;
- über meine vorhandenen Konten bei Banken beliebig zu verfügen;
- Verträge sonstiger Art unter beliebigen Bestimmungen abzuschließen, Vergleiche einzugehen, Verzichte zu erklären und Nachlässe zu bewilligen;
- mich als Erben, Pflichtteilsberechtigten, Vermächtnisnehmer, Schenker oder Beschenkten in jeder Weise, namentlich auch bei Vermögens- und Gemeinschaftsauseinandersetzungen jeder Art, zu vertreten und auch Ausschlagungserklärungen für mich abzugeben;
- meine Versorgungsangelegenheiten (Pension, Rente usw.) zu regeln;
- Prozesse für mich als Kläger oder Beklagter zu führen und hierbei die Rechte eines Prozessbevollmächtigten im vollen Umfange des § 81 ZPO auszuüben, mich in allen gerichtlichen und außergerichtlichen Verfahren als Gläubiger oder Schuldner, Kläger oder Beklagten oder in jeder sonstwie in Frage kommenden Eigenschaft ohne jede Einschränkung zu vertreten;

III Krankheitsfall

- zu allen Verfahrenshandlungen, auch i. S. v. § 13 SGB X;
- den Haushalt aufzulösen und über das Inventar zu verfügen;
- Vereinbarungen mit Kliniken, Alters- und Pflegeheimen abzuschließen und zum Zwecke hierfür Sicherungshypotheken auch für den Sozialhilfeträger zu bestellen;
- den Vollmachtgeber gegenüber Gerichten zu vertreten sowie Prozesshandlungen aller Art vorzunehmen.

Bei nachfolgendem Todesfall

- über Art und Umfang der Beerdigung zu entscheiden und Sterbegelder in Empfang zu nehmen und darüber zu quittieren;
- den Nachlass bis zur amtlichen Feststellung der Erben in Besitz zu nehmen und zu verwalten;

Die Vollmacht wird mit der Unterzeichnung durch mich wirksam und gilt nach außen uneingeschränkt.

Im Innenverhältnis wird der Bevollmächtigte jedoch angewiesen, die Vollmacht nur nach meiner vorherigen Weisung zu gebrauchen.

Die Vollmacht ist nur wirksam, soweit und solange der Bevollmächtigte bei einer Vornahme einer jeden Vertreterhandlung im unmittelbaren Besitz der Vollmachtsurkunde ist.
Der Bevollmächtigte kann diese Vollmacht ganz oder teilweise auf andere übertragen und eine solche Übertragung widerrufen.

Widerruf der Vollmacht

Ich behalte mir vor, diese Vollmacht jederzeit zu widerrufen.

Wichtig: Sollte aufgrund wechselnder Gesetze diese Entscheidung von einem Gericht getroffen werden müssen, so beauftrage ich den Bevollmächtigten, die Zustimmung des Gerichtes auch mit Hilfe eines Rechtsanwaltes zu erlangen.

Datum, Unterschrift der Vollmachtgeberin/des Vollmachtgebers:

___

___

[für spätere Bestätigung]

___

[für spätere Bestätigung]

Ich/Wir bestätige(n), dass Frau/Herr: ___

Diese Verfügung im Vollbesitz ihrer/seiner geistigen Kräfte verfasst hat und geschäftsfähig war.

Name: ___

Geburtsdatum: Anschrift: ___

Ort, Datum: ___

[Unterschrift des Zeugen]

III Krankheitsfall

Befreiung von der ärztlichen Schweigepflicht

Hinweis

Ein Jugendlicher kann ab vollendetem 16. Lebensjahr Ärzte von der Schweigepflicht gegenüber benannten Personen entbinden, da der Jugendliche ab diesem Zeitpunkt testierfähig ist.

Person 1

Hiermit entbinde ich

____
Name, Anschrift

die mich behandelnden Ärzte von ihrer ärztlichen Schweigepflicht und bitte sie sowie die betreffenden Institutionen, nachfolgenden Personen Informationen über meinen Gesundheitszustand bzw. Krankheitsstand zu geben und auf Wunsch Einblick in die Krankenakten zu gewähren.

____
Name, Anschrift

____
Name, Anschrift

____
Name, Anschrift

____
Ort und Datum Unterschrift

Person 2

Hiermit entbinde ich

____
Name, Anschrift

die mich behandelnden Ärzte von ihrer ärztlichen Schweigepflicht und bitte sie sowie die betreffenden Institutionen, nachfolgenden Personen Informationen über meinen Gesundheitszustand bzw. Krankheitsstand zu geben und auf Wunsch Einblick in die Krankenakten zu gewähren.

____
Name, Anschrift

____
Name, Anschrift

____
Name, Anschrift

____
Ort und Datum Unterschrift

III Krankheitsfall

Person 3

Hiermit entbinde ich

Name, Anschrift

die mich behandelnden Ärzte von ihrer ärztlichen Schweigepflicht und bitte sie sowie die betreffenden Institutionen, nachfolgenden Personen Informationen über meinen Gesundheitszustand bzw. Krankheitsstand zu geben und auf Wunsch Einblick in die Krankenakten zu gewähren.

Name, Anschrift

Name, Anschrift

Name, Anschrift

Ort und Datum Unterschrift

Person 4

Hiermit entbinde ich

Name, Anschrift

die mich behandelnden Ärzte von ihrer ärztlichen Schweigepflicht und bitte sie sowie die betreffenden Institutionen, nachfolgenden Personen Informationen über meinen Gesundheitszustand bzw. Krankheitsstand zu geben und auf Wunsch Einblick in die Krankenakten zu gewähren.

Name, Anschrift

Name, Anschrift

Name, Anschrift

Ort und Datum Unterschrift

III Krankheitsfall

Person 5

Hiermit entbinde ich

____
Name, Anschrift

die mich behandelnden Ärzte von ihrer ärztlichen Schweigepflicht und bitte sie sowie die betreffenden Institutionen, nachfolgenden Personen Informationen über meinen Gesundheitszustand bzw. Krankheitsstand zu geben und auf Wunsch Einblick in die Krankenakten zu gewähren.

____
Name, Anschrift

____
Name, Anschrift

____
Name, Anschrift

____
Ort und Datum Unterschrift

III Krankheitsfall

Post- und Zustellungsvollmacht mit Hinweisen

Die Deutsche Post hat die Postvollmachten vereinfacht, damit der Postkunde weniger Aufwand und mehr Flexibilität beim sicheren Postempfang hat. Das bisherige Postvollmachten-Verfahren wurde deshalb abgeändert. Ohne viel Aufwand kann jetzt jeder Ihre Post in Empfang nehmen, den Sie dazu bevollmächtigen.

Postvollmachten sind in Zukunft nichts Besonderes mehr. So entfällt das bisher übliche formelle Verfahren zur Postvollmachten-Erteilung bei der Deutschen Post. Stattdessen ist es für Sie als Geschäfts- oder Privatkunde ausreichend, eine oder mehrer Personen per „Innenvollmacht" für Ihren Postempfang zu benennen.

Nach Bedarf können Sie unterschiedliche Personen Ihres Vertrauens mit einer rechtswirksamen Vollmacht zur Entgegennahme Ihrer Sendungen ausstatten. Dazu genügt eine entsprechende schriftliche Erklärung, wie sie im Geschäftsalltag üblich ist und den Erfordernissen des BGB entspricht. Für eigenhändig auszuhändigende Sendungen kann diese Vollmacht jedoch nur anerkannt werden, wenn dies ausdrücklich vermerkt ist.

Mit unseren rechts abgedruckten Vordrucken haben wir die Handhabung der Vollmacht entsprechend der Vorgaben der Deutschen Post für Sie vereinfacht. Füllen Sie die scheckkartengroßen Vollmachtsformulare aus und legen Sie diese dem Mitarbeiter der Deutschen Post vor.

Wer Ihre Post in der Filiale abholt, für den gibt es zwei praktische Wege der Legitimation:

- Sie tragen den Abholer auf der Rückseite ein und er kommt mit dem ausgefüllten Benachrichtigungsschein in die Filiale.
- Sie übergeben ihm seine Karte mit der „Innenvollmacht" und fügen den unausgefüllten Benachrichtigungsschein dazu.

Postlagerndes verlangt neben der Vollmacht noch den Ausweis. Die Regel ist, dass postlagernde Beträge und Sendungen nur dem Empfänger persönlich übergeben werden. Die Ausnahme ist: Personen, die zusätzlich zur schriftlichen Vollmacht ein gültiges Ausweispapier des Vollmachtgebers vorlegen und außerdem keine Zweifel an der Empfangsberechtigung bestehen lassen, sind ebenfalls empfangsberechtigt.

Bei der Postfachausgabe ist nur der Postfachschlüssel vorzulegen.

Diese Vereinfachung gilt jedoch nicht für den „Postident Service". Für diesen Service ist nach wie vor keine Bevollmächtigung möglich. Der Postident Service kann nur persönlich durchgeführt werden.

☐ zum Empfang der für ihn/sie bestimmten Postsendungen
(inkl. Post- und Zahlungsanweisungen, ohne eigenhändig auszuhändigende Sendungen)

____
Unterschrift des Vollmachtgebers (Vertretungsberechtigten), Datum

☐ auch zum Empfang von eigenhändig auszuhändigenden Sendungen

____
Unterschrift des Vollmachtgebers (Vertretungsberechtigten), Datum

Vollmachtgeber (Vorname, Name oder Firma und Postanschrift, ggf. Stempelabdruck)

____
bevollmächtigt bis zum

____
Vor- und Zuname (bitte in Druckschrift angeben)

Wichtiger Hinweis an den Vollmachtgeber:
Soll die Vollmacht widerrufen werden,
ist diese Karte vom Berechtigten einzuziehen.

☐ zum Empfang der für ihn/sie bestimmten Postsendungen
(inkl. Post- und Zahlungsanweisungen, ohne eigenhändig auszuhändigende Sendungen)

____
Unterschrift des Vollmachtgebers (Vertretungsberechtigten), Datum

☐ auch zum Empfang von eigenhändig auszuhändigenden Sendungen

____
Unterschrift des Vollmachtgebers (Vertretungsberechtigten), Datum

Vollmachtgeber (Vorname, Name oder Firma und Postanschrift, ggf. Stempelabdruck)

____
bevollmächtigt bis zum

____
Vor- und Zuname (bitte in Druckschrift angeben)

Wichtiger Hinweis an den Vollmachtgeber:
Soll die Vollmacht widerrufen werden,
ist diese Karte vom Berechtigten einzuziehen.

☐ zum Empfang der für ihn/sie bestimmten Postsendungen
(inkl. Post- und Zahlungsanweisungen, ohne eigenhändig auszuhändigende Sendungen)

____
Unterschrift des Vollmachtgebers (Vertretungsberechtigten), Datum

☐ auch zum Empfang von eigenhändig auszuhändigenden Sendungen

____
Unterschrift des Vollmachtgebers (Vertretungsberechtigten), Datum

Vollmachtgeber (Vorname, Name oder Firma und Postanschrift, ggf. Stempelabdruck)

____
bevollmächtigt bis zum

____
Vor- und Zuname (bitte in Druckschrift angeben)

Wichtiger Hinweis an den Vollmachtgeber:
Soll die Vollmacht widerrufen werden,
ist diese Karte vom Berechtigten einzuziehen.

Mit den Flügeln
der Zeit fliegt
die Traurigkeit davon.

Th. Fontane

§ Zeit

IV Todesfall

* in 5-facher Ausfertigung

IV TODESFALL

WAS SOFORT ZU TUN IST
Nachstehendes sollten die Hinterbliebenen in Folge erledigen:

	erledigt	Datum
1. Totenschein vom (Unfall-) Arzt oder Krankenhaus	☐	
2. Bestattungsunternehmen beauftragen	☐	
3. Beerdigungstermin festlegen	☐	
4. Kirchengemeinde	☐	
5. Standesamt (Sterbeurkunde mehrfach beantragen)	☐	
6. Traueranzeigen in Zeitungen in Auftrag geben	☐	
7. Trauerkarten	☐	
8. Krankenkasse	☐	
9. Arbeitgeber	☐	
10. Vereine benachrichtigen	☐	
11. Sonderurlaub bei dem eigenen Arbeitgeber beantragen	☐	
12. Testament an Notar oder Nachlassgericht übergeben	☐	
13. Rentenversicherungsträger	☐	
14. Trauerkleidung kaufen	☐	
15. Gestaltung der Trauerfeier festlegen	☐	
16. Unterbringung auswärtiger Trauergäste	☐	
17. Lebensversicherung/ Sterbeversicherung	☐	
18. Zusatzversicherung	☐	
19. Finanzamt	☐	
20. Gewerkschaft	☐	
21. Versorgungsamt	☐	
22. Versicherungen	☐	
23. Finanzangelegenheiten	☐	
24. Mitgliedschaften kündigen	☐	
25. TV, Rundfunk und Telefon abmelden bzw. umschreiben	☐	
26. Abonnements kündigen bzw. umschreiben	☐	

IV Todesfall

Wichtige Anschriften

Rechtsanwalt:

Hausarzt:

Facharzt:

Krankenhaus:

Hausverwaltung:

Vermieter:

Altenwohnheim:

Steuerberater:

Finanzamt:

Bankfiliale:

Persönliche Notizen

IV Todesfall

Wünsche der Erblasser

Person 1

Name, Vorname:

Ich wünsche

[Zutreffendes bitte ankreuzen]

☐ eine Erdbestattung ☐ eine Feuerbestattung ☐ eine Seebestattung

☐ eine Bestattung ohne Kirche ☐ eine anonyme Bestattung

Die Bestattung soll stattfinden:

[Angabe des Bestattungsortes]

Eine Grabstätte ist bereits vorhanden ☐ Nein ☐ Ja, Grab-Nr. :

In folgenden Zeitungen wünsche ich Traueranzeigen:

Besondere Wünsche für die Trauerfeier

1. Grabrede:
2. Chor:
3. Musikstücke:
4. Grabschmuck:
5. Spenden an:
6. Trauerfeier in:
7. Bestattung durch:
8. Grabausstattung von:
9. Sarg-/Urnenqualität:
   [schlicht/exklusiv?, Material]
10. Art des Grabsteins:
11. Sonstiges:

Ort und Datum Unterschrift des Erblassers

IV Todesfall

Person 2

Name, Vorname:

Ich wünsche

[Zutreffendes bitte ankreuzen]

☐ eine Erdbestattung ☐ eine Feuerbestattung ☐ eine Seebestattung

☐ eine Bestattung ohne Kirche ☐ eine anonyme Bestattung

Die Bestattung soll stattfinden:

[Angabe des Bestattungsortes]

Eine Grabstätte ist bereits vorhanden ☐ Nein ☐ Ja, Grab-Nr.:

In folgenden Zeitungen wünsche ich Traueranzeigen:

Besondere Wünsche für die Trauerfeier

1. Grabrede:
2. Chor:
3. Musikstücke:
4. Grabschmuck:
5. Spenden an:
6. Trauerfeier in:
7. Bestattung durch:
8. Grabausstattung von:
9. Sarg-/Urnenqualität:
   [schlicht/exklusiv, Material]
10. Art des Grabsteins:
11. Sonstiges:

Ort und Datum Unterschrift des Erblassers

IV Todesfall

Person 3

Name, Vorname:

Ich wünsche

[Zutreffendes bitte ankreuzen]

☐ eine Erdbestattung ☐ eine Feuerbestattung ☐ eine Seebestattung

☐ eine Bestattung ohne Kirche ☐ eine anonyme Bestattung

Die Bestattung soll stattfinden:

[Angabe des Bestattungsortes]

Eine Grabstätte ist bereits vorhanden ☐ Nein ☐ Ja, Grab-Nr.:

In folgenden Zeitungen wünsche ich Traueranzeigen:

Besondere Wünsche für die Trauerfeier

1. Grabrede:
2. Chor:
3. Musikstücke:
4. Grabschmuck:
5. Spenden an:
6. Trauerfeier in:
7. Bestattung durch:
8. Grabausstattung von:
9. Sarg-/Urnenqualität:
   [schlicht/exklusiv, Material]
10. Art des Grabsteins:
11. Sonstiges:

Ort und Datum Unterschrift des Erblassers

IV Todesfall

Person 4

Name, Vorname: ____________________

Ich wünsche

[Zutreffendes bitte ankreuzen]

☐ eine Erdbestattung ☐ eine Feuerbestattung ☐ eine Seebestattung

☐ eine Bestattung ohne Kirche ☐ eine anonyme Bestattung

Die Bestattung soll stattfinden: ____________________

[Angabe des Bestattungsortes]

____

Eine Grabstätte ist bereits vorhanden ☐ Nein ☐ Ja, Grab-Nr.: ____________________

In folgenden Zeitungen wünsche ich Traueranzeigen: ____________________

____

____

Besondere Wünsche für die Trauerfeier

1. Grabrede: ____________________
2. Chor: ____________________
3. Musikstücke: ____________________
4. Grabschmuck: ____________________
5. Spenden an: ____________________
6. Trauerfeier in: ____________________
7. Bestattung durch: ____________________
8. Grabausstattung von: ____________________
9. Sarg-/Urnenqualität: ____________________
   [schlicht/exklusiv, Material]
10. Art des Grabsteins: ____________________
11. Sonstiges: ____________________

____

Ort und Datum Unterschrift des Erblassers

IV Todesfall

Person 5

Name, Vorname:

Ich wünsche

[Zutreffendes bitte ankreuzen]

☐ eine Erdbestattung ☐ eine Feuerbestattung ☐ eine Seebestattung

☐ eine Bestattung ohne Kirche ☐ eine anonyme Bestattung

Die Bestattung soll stattfinden:

[Angabe des Bestattungsortes]

Eine Grabstätte ist bereits vorhanden ☐ Nein ☐ Ja, Grab-Nr.:

In folgenden Zeitungen wünsche ich Traueranzeigen:

Besondere Wünsche für die Trauerfeier

1. Grabrede:
2. Chor:
3. Musikstücke:
4. Grabschmuck:
5. Spenden an:
6. Trauerfeier in:
7. Bestattung durch:
8. Grabausstattung von:
9. Sarg-/Urnenqualität:
   [schlicht/exklusiv, Material]
10. Art des Grabsteins:
11. Sonstiges:

Ort und Datum Unterschrift des Erblassers

Persönliche Notizen

IV Todesfall

Liste der im Todesfall zu benachrichtigenden Personen

Trauerbriefe

Zu benachrichtigen sind: Angehörige, Freunde, Arbeits- und Vereinskollegen, Bekannte, Geschäftsfreunde usw.

Name	Adresse	Telefon
1.		
2.		
3.		
4.		
5.		
6.		
7.		
8.		
9.		
10.		
11.		
12.		
13.		
14.		
15.		
16.		
17.		
18.		
19.		
20.		
21.		
22.		
23.		

IV Todesfall

Name Adresse Telefon

24.

25.

26.

27.

28.

29.

30.

31.

32.

33.

34.

35.

36.

37.

38.

39.

40.

41.

42.

43.

44.

45.

46.

47.

48.

49.

50.

IV Todesfall

Name	Adresse	Telefon
51.		
52.		
53.		
54.		
55.		
56.		
57.		
58.		
59.		
60.		
61.		
62.		
63.		
64.		
65.		
66.		
67.		
68.		
69.		
70.		
71.		
72.		
73.		
74.		
75.		

[Wenn notwendig, bitte eine weitere Auflistung als Anlage beifügen.]

Persönliche Notizen

IV Todesfall

Raum für handgeschriebene Testamente mit Hinweisen

Hinweis

Die Rechtsordnung ermöglicht neben dem notariellen Erbvertrag und dem notariellen Testament gleichrangig das handgeschriebene Testament, um den letzten Willen zu bekunden und durchsetzen zu lassen.

Wenn Sie unsicher sind, wie Sie Ihren letzten Willen mit Vermächtnissen, Auflagen etc. festlegen wollen, sollten Sie sich mit einem Rechtsanwalt Ihres Vertrauens beraten. Die Kosten dieser Beratung können auf Stundenbasis oder über den Gegenstandswert entsprechend anwaltlicher Gebührentabellen berechnet werden. Informieren Sie sich vorab, welche Berechnungsart für Sie am vorteilhaftesten ist.

Das beste Testament nutzt jedoch nichts, wenn es nicht gefunden wird. Bewahren Sie deshalb das Dokument entweder in einem Tresor, Bankschließfach oder an einem anderen sicheren Ort auf und informieren Sie eine Person Ihres Vertrauens von dessen Existenz.

Wichtig

Ihr handgeschriebenes Testament kann auch zu geringen Kosten beim Nachlassgericht aufbewahrt werden. Damit wird es von Amts wegen im Todesfalle geöffnet und die Erben werden hiervon benachrichtigt. Auch diese Form der Verwahrung kann über eine Anwaltskanzlei Ihres Vertrauens organisiert werden.

Sehr wichtig

Das letzte handgeschriebene Testament ist gültig. Bei Ehepartnern – nicht bei nichtehelicher Lebensgemeinschaft – reicht es aus, wenn ein Ehepartner das Testament handschriftlich erstellt und der andere Ehepartner dieses mit unterschreibt.

> Bitte beachten Sie, dass bei diesem Testament jedes Wort und jede Zahl handschriftlich geschrieben und das Testament mit Datum und Unterschrift versehen sein muss, damit es gültig ist! <

Alle Familienmitglieder ab vollendetem 16. Lebensjahr können nachfolgend ihren letzten Willen jeweils handschriftlich bekunden.

Persönliche Notizen

IV Todesfall

Mein Testament Person 1

IV TODESFALL

MEIN TESTAMENT PERSON 2

IV Todesfall

Mein Testament Person 3

IV Todesfall

Mein Testament Person 4

IV Todesfall

Mein Testament Person 5

IV Todesfall

Raum für Testamentsänderungen der Erblasser 1-2.
Wichtig: Auch hier gelten die o.g. Formvorschriften!

IV Todesfall

Das Vermächtnis: Zuordnung bestimmter Erbstücke als Bestandteil des Testaments

Person 1

Zuordnung bestimmter Erbstücke (zum Beispiel Bücher, Gemälde, Kfz, Möbel, Musikinstrumente, Sammlungen, Schmuck, Tafelsilber, Teppiche)

Vor- und Zuname des Erblassers: ______________________________

	Gegenstand/ genaue Bezeichnung	Wert in DM oder Euro	Empfänger/ genaue Bezeichnung
1.			
2.			
3.			
4.			
5.			
6.			
7.			
8.			
9.			
10.			
11.			
12.			
13.			
14.			
15.			
16.			
17.			
18.			
19.			
20.			

Gegebenenfalls bitte eine weitere Auflistung als Anlage beifügen.

____

Ort und Datum

Unterschrift des Erblassers

IV Todesfall

Person 2

Zuordnung bestimmter Erbstücke (zum Beispiel Bücher, Gemälde, Kfz, Möbel, Musikinstrumente, Sammlungen, Schmuck, Tafelsilber, Teppiche)

Vor- und Zuname des Erblassers: ____________________

	Gegenstand/ genaue Bezeichnung	Wert in DM oder Euro	Empfänger/ genaue Bezeichnung
1.			
2.			
3.			
4.			
5.			
6.			
7.			
8.			
9.			
10.			
11.			
12.			
13.			
14.			
15.			
16.			
17.			
18.			
19.			
20.			

Gegebenenfalls bitte eine weitere Auflistung als Anlage beifügen.

____

Ort und Datum Unterschrift des Erblassers

IV Todesfall

Person 3

Zuordnung bestimmter Erbstücke (zum Beispiel Bücher, Gemälde, Kfz, Möbel, Musikinstrumente, Sammlungen, Schmuck, Tafelsilber, Teppiche)

Vor- und Zuname des Erblassers: ______________________

	Gegenstand/ genaue Bezeichnung	Wert in DM oder Euro	Empfänger/ genaue Bezeichnung
1.			
2.			
3.			
4.			
5.			
6.			
7.			
8.			
9.			
10.			
11.			
12.			
13.			
14.			
15.			
16.			
17.			
18.			
19.			
20.			

Gegebenenfalls bitte eine weitere Auflistung als Anlage beifügen.

____

Ort und Datum — Unterschrift des Erblassers

IV Todesfall

Person 4

Zuordnung bestimmter Erbstücke (zum Beispiel Bücher, Gemälde, Kfz, Möbel, Musikinstrumente, Sammlungen, Schmuck, Tafelsilber, Teppiche)

Vor- und Zuname des Erblassers:

	Gegenstand/ genaue Bezeichnung	Wert in DM oder Euro	Empfänger/ genaue Bezeichnung
1.			
2.			
3.			
4.			
5.			
6.			
7.			
8.			
9.			
10.			
11.			
12.			
13.			
14.			
15.			
16.			
17.			
18.			
19.			
20.			

Gegebenenfalls bitte eine weitere Auflistung als Anlage beifügen.

Ort und Datum

Unterschrift des Erblassers

IV Todesfall

Person 5

Zuordnung bestimmter Erbstücke (zum Beispiel Bücher, Gemälde, Kfz, Möbel, Musikinstrumente, Sammlungen, Schmuck, Tafelsilber, Teppiche)

Vor- und Zuname des Erblassers:

Gegenstand/ genaue Bezeichnung	Wert in DM oder Euro	Empfänger/ genaue Bezeichnung
1.		
2.		
3.		
4.		
5.		
6.		
7.		
8.		
9.		
10.		
11.		
12.		
13.		
14.		
15.		
16.		
17.		
18.		
19.		
20.		

Gegebenenfalls bitte eine weitere Auflistung als Anlage beifügen.

Ort und Datum

Unterschrift des Erblassers

Persönliche Notizen

IV Todesfall

Testamentshinterlegung/-Vollstrecker, Vormund und Erbvertrag

Ich habe/Wir haben ein Testament hinterlegt:

Bei dem Amtsgericht: ______________________________

[Adresse und Angabe des Hinterlegungsscheins mit Hinterlegungs-Nr.]

Bei dem Notar: ______________________________

[Adresse und Angabe der Hinterlegungs-Nr.]

Handschriftliches Testament: ______________________________

[Aufbewahrungsort]

Es besteht ein notarieller Erbvertrag mit:

Name	Adresse	Hinterlegungsort

Als Testamentsvollstrecker habe ich im Testament benannt:

> Den Testamentsvollstrecker bitte[n] ich/wir zu benachrichtigen. <

Name	Adresse

Als Vormund der Kinder habe(n) ich/wir durch das Testament benannt:

Name	Adresse

☐ **Ich habe/Wir haben keinen Vormund im Testament benannt.**

☐ **Ich bitte/Wir schlagen als Vormund unserer Kinder vor:**

Name	Adresse

Ersatzvorschlag: ______________________________

☐ **Für die Betreuung außerhalb der Vormundschaft schlage ich/schlagen wir vor:**

Name	Adresse

Persönliche Notizen

IV Todesfall

Schiedsvereinbarung mit Hinweisen

Hinweis

Entsprechend dem Gesetz über das Schiedsverfahren vom 01.01.1998 müssen Streitigkeiten über Erbangelegenheiten nicht von den staatlichen Gerichten entschieden werden, sondern können auch einem Schiedsgericht vorgelegt werden.

Was hat dies für Vorteile?

Schiedsgerichte werden mit darauf spezialisierten Richtern besetzt, die in relativ kurzer Zeit entweder eine Einigung herbeiführen oder einen Schiedsspruch fällen können, der rechtsverbindlich ist und auch über einen Gerichtsvollzieher vollstreckt werden kann. Schiedsgerichtsverhandlungen sind grundsätzlich nicht öffentlich und können im Einverständnis der Parteien an jedem beliebigen Ort stattfinden, auch der Anwaltszwang entfällt. Ein Schiedsgericht hat auch nur eine Instanz. Ein Verfahren vor dem Schiedsgericht kann deshalb auf einfachere Art und Weise den Rechtsfrieden herbeiführen, ohne dass tiefgreifende Streitigkeiten und Zerwürfnisse in Erbengemeinschaften hineingetragen werden.

Damit die Schiedsordnung der DSE zur Anwendung kommt, wird dem Erblasser empfohlen, nachfolgende Schiedsvereinbarung in seine Verfügung von Todes wegen (Testament oder Erbvertrag) mit aufzunehmen:

1. *„Im Wege der Auflage verpflichte ich alle Erben, Vermächtnisnehmer und Auflagenbegünstigten, für Streitigkeiten, die durch dieses Testament oder diesen Erbvertrag hervorgerufen sind und ihren Grund in dem Erbfall haben, sich unter Ausschluss der ordentlichen Gerichte dem Schiedsgericht der Deutschen Schiedsstelle e. V. (DSE) und der von dieser zugrunde gelegten jeweils aktuellen Schiedsordnung zu unterwerfen."*
   Das Schiedsgericht sowie die anzuwendende Verfahrensordnung ist von der Deutschen Schiedsgerichtsbarkeit für Erbstreitigkeiten e. V. (DSE), Hauptstr. 18, 74918 Angelbachtal/Heidelberg, mit verbindlicher Wirkung zu bestimmen.

   In Erweiterung von § 2194 BGB bestimme ich alle in der Verfügung von Todes wegen Bedachten (Erben, Vermächtnisnehmer, Auflagenbegünstigte) sowie den Testaments-Vollstrecker zu Vollziehungsberechtigten dieser Auflage."

Wichtig:

Im Fall des handschriftlichen Testaments muss diese Klausel zu Ziffer 1. handschriftlich in das Testament eingefügt werden.

Darüber hinaus kann die Schiedsvereinbarung auch durch die Erben selbst getroffen werden. Sollte die Verfügung von Todes wegen keine Schiedsklausel enthalten, so können die Erben diese wie folgt nach dem Erbfall selbst vereinbaren.

Es empfiehlt sich folgende Formulierung:

2. *„Alle Streitigkeiten, die sich im Zusammenhang mit dem Erbfall und der zugrunde liegenden Verfügung von Todes wegen vom __________(Datum) oder über ihre Gültigkeit ergeben, werden nach der Schiedsgerichtsordnung der Deutschen Schiedsstelle für Erbstreitigkeiten (DSE)*
   74918 Angelbachtal/Heidelberg, Hauptstr. 18,
   Telefon: 07265 / 49 37 44/45, Telefax: 07265 / 49 3746
   Internet: www.erbrecht.de
   unter Ausschluss des ordentlichen Rechtsweges endgültig entschieden."

Persönliche Notizen

IV Todesfall

Organverfügung

Person 1

Organspende

Mit einer Entnahme

- ☐ aller Organe
- ☐ der im Folgenden aufgeführten Organe

1. ______________________________

2. ______________________________

3. ______________________________

4. ______________________________

5. ______________________________

zu dem Zweck der Organspende bin ich unter der Voraussetzung einverstanden, dass mindestens zwei Ärzte unabhängig voneinander meinen klinischen Tod festgestellt haben.

Ort und Datum: ______________________________

Unterschrift des Organspenders: ______________________________

Wissenschaftlicher Zweck

Unter den zur Betreuungsverfügung und zur Patientenverfügung (s. o.) genannten Voraussetzungen bin ich damit einverstanden, dass mein Körper nach meinem Tod für wissenschaftliche Zwecke Verwendung findet.

Ort und Datum: ______________________________

Unterschrift des Organspenders: ______________________________

Persönliche Notizen

IV Todesfall

Person 2

Organverfügung

Mit einer Entnahme ☐ aller Organe
☐ der im Folgenden aufgeführten Organe

1. ______________________________

2. ______________________________

3. ______________________________

4. ______________________________

5. ______________________________

zu dem Zweck der Organspende bin ich unter der Voraussetzung einverstanden, dass mindestens zwei Ärzte unabhängig voneinander meinen klinischen Tod festgestellt haben.

Ort und Datum: ______________________________

Unterschrift des Organspenders: ______________________________

Wissenschaftlicher Zweck

Unter den zur Betreuungsverfügung und zur Patientenverfügung (s. o.) genannten Voraussetzungen bin ich damit einverstanden, dass mein Körper nach meinem Tod für wissenschaftliche Zwecke Verwendung findet.

Ort und Datum: ______________________________

Unterschrift des Organspenders: ______________________________

Persönliche Notizen

IV TODESFALL

PERSON 3

ORGANVERFÜGUNG

Mit einer Entnahme ☐ aller Organe
☐ der im Folgenden aufgeführten Organe

1. ______________________________

2. ______________________________

3. ______________________________

4. ______________________________

5. ______________________________

zu dem Zweck der Organspende bin ich unter der Voraussetzung einverstanden, dass mindestens zwei Ärzte unabhängig voneinander meinen klinischen Tod festgestellt haben.

Ort und Datum: ______________________________

Unterschrift des Organspenders: ______________________________

WISSENSCHAFTLICHER ZWECK

Unter den zur Betreuungsverfügung und zur Patientenverfügung (s. o.) genannten Voraussetzungen bin ich damit einverstanden, dass mein Körper nach meinem Tod für wissenschaftliche Zwecke Verwendung findet.

Ort und Datum: ______________________________

Unterschrift des Organspenders: ______________________________

Persönliche Notizen

IV Todesfall

Person 4

Organverfügung

Mit einer Entnahme
- ☐ aller Organe
- ☐ der im Folgenden aufgeführten Organe

1. ____________________

2. ____________________

3. ____________________

4. ____________________

5. ____________________

zu dem Zweck der Organspende bin ich unter der Voraussetzung einverstanden, dass mindestens zwei Ärzte unabhängig voneinander meinen klinischen Tod festgestellt haben.

Ort und Datum: ____________________

Unterschrift des Organspenders: ____________________

Wissenschaftlicher Zweck

Unter den zur Betreuungsverfügung und zur Patientenverfügung (s. o.) genannten Voraussetzungen bin ich damit einverstanden, dass mein Körper nach meinem Tod für wissenschaftliche Zwecke Verwendung findet.

Ort und Datum: ____________________

Unterschrift des Organspenders: ____________________

Persönliche Notizen

IV Todesfall

Person 5

Organverfügung

Mit einer Entnahme ☐ aller Organe
☐ der im Folgenden aufgeführten Organe

1. ______________________________

2. ______________________________

3. ______________________________

4. ______________________________

5. ______________________________

zu dem Zweck der Organspende bin ich unter der Voraussetzung einverstanden, dass mindestens zwei Ärzte unabhängig voneinander meinen klinischen Tod festgestellt haben.

Ort und Datum: ______________________________

Unterschrift des Organspenders: ______________________________

Wissenschaftlicher Zweck

Unter den zur Betreuungsverfügung und zur Patientenverfügung (s. o.) genannten Voraussetzungen bin ich damit einverstanden, dass mein Körper nach meinem Tod für wissenschaftliche Zwecke Verwendung findet.

Ort und Datum: ______________________________

Unterschrift des Organspenders: ______________________________

Persönliche Notizen

IV Todesfall

Festlegungen über die Versorgung und Pflege von Haustieren mit Hinweisen

Hinweis

Für viele Menschen ist es wichtig, dass in ihrem Todesfall ihre Haustiere gut versorgt und nicht vernachlässigt werden.

Sie können deshalb eine Betreuungsklausel in das Testament oder den notariellen Erbvertrag aufnehmen.

Wichtig

Im Falle des handschriftlichen Testamentes muss diese Festlegung handschriftlich in das Testament eingefügt sein.

Formulierungsvorschlag:

Ich wünsche, dass mein Haustier: __________

bis zu seinem natürlichen Tode versorgt und medizinisch betreut wird.

Die medizinische Betreuung soll durch unseren Tierarzt

Frau/Herr: __________

vorgenommen werden.

Die Versorgung soll von

Frau/Herr: __________

Anschrift: __________

vorgenommen werden.

Die Kosten für die ärztliche Betreuung und die Versorgung sollen von der Erbengemeinschaft getragen werden.

Persönliche Notizen

IV Todesfall

Leitfaden: Was nach einem Sterbefall grundsätzlich zu tun ist

[Bei Detailfragen wenden Sie sich an das Nachlassgericht oder an einen Rechtsanwalt Ihres Vertrauens]

Amtliche Bestätigung/Bestattung/Benachrichtigung

	Zuständig	**Erforderliche Unterlagen**	**Frist**	**Sonstiges**	**Für Ihre persönlichen Notizen**
■ Totenschein	- Hausarzt Krankenhausarzt		unverzüglich		ausgestellt am _______
Sterbeurkunde*	- Standesamt, in dessen Bezirk sich der Sterbefall ereignet hat Ort: _______	Totenschein - Familienbuch des Verstorbenen - Personalausweis oder Reisepass des Verstorbenen	spätestens am auf den Todestag folgenden Werktag Datum: _______	Meldepflichtig: - Familienhaupt - Wohnungsinhaber - jede Person, die bei dem Tod zugegen war [oder von ihm aus eigener Wissenschaft erfahren hat]	
■ Todesanzeige	- Private Druckerei - Zeitung je nach Wunsch		unverzüglich	Wird auch von Bestattungs-unternehmen durchgeführt	aufgegeben am: _______
Bestattung	- Friedhofsamt/ -verwaltung - Pfarramt	- Sterbeurkunde - ggf. Urkunde über Erbkaufgrab		Wird von Bestattungs-unternehmen durchgeführt [bieten umfangreiche Unterstützung an]	Formalitäten erledigt am: _______
Feuerbestattung	- Genehmigung der Polizei bzw. Ordnungs-behörde	- Sterbeurkunde - ggf. letztwillige Verfügung des Verstorbenen	spätestens 24 Stunden vorher	Wird auch von Bestattungs-unternehmen durchgeführt	Formalitäten erledigt am: _______
■ Arbeits-/ Dienstvertrag	- Arbeitgeber bzw. Dienstherr	- Sterbeurkunde	unverzüglich		erledigt am: _______ um _______ Uhr

* Lassen Sie sich am besten gleich mehrere Ausfertigungen oder beglaubigte Kopien ausstellen, da Sie diese in vielen Fällen benötigen.

■ > ***Kennzeichnen alle Dinge, die sofort erledigt werden müssen.*** <

IV TODESFALL

NACHLASSABWICKLUNG

	Zuständig	Erforderliche Unterlagen	Frist	Sonstiges	Für Ihre persönlichen Notizen
Anzeige an Finanzamt	- Örtlich zuständiges Finanzamt	- Formblatt des Finanzamtes	3 Monate ab Erlangung der Kenntnis vom Erbfall		erledigt am: ______
- Testamentseröffnung	- Amtsgericht (Nachlassgericht) sowie in Baden-Württemberg die verwahrenden Notariate	- Sterbeurkunde - Sämtliche Testamente - Erbverträge			Ort: ______ Datum: ______
- Erbschein	- Amtsgericht (Nachlassgericht) - In Baden-Württemberg die Notariate	- Sterbeurkunde - Sämtliche Verfügungen von Todes wegen - Personalausweis des Antragstellers			ausgestellt am: ______
- Ausschlagen	- Amtsgericht (Nachlassgericht)		6 Wochen ab Kenntnis		erledigt am: ______

BANKVERBINDUNG

	Zuständig	Erforderliche Unterlagen	Frist	Sonstiges	Für Ihre persönlichen Notizen
Überprüfung und ggf. Löschung von - Daueraufträgen und - Lastschriften [ggf. Vermögensübersicht]	- Bank oder Sparkasse - Einziehende Stelle/Empfänger				erledigt am: ______ um ______ Uhr
■ Feststellung von Bankverbindungen und Benachrichtigung	- Bank oder Sparkasse	- Erbschein oder - Ausfertigung oder beglaubigte Abschrift des Gerichts einer Verfügung von Todes wegen und - zugehörige Eröffnungs-Niederschrift	unverzüglich	Für Verfügungen: Prüfen, ob - Vollmacht für den Todesfall - Vollmacht über den Tod hinaus - Altersvorsorgevollmacht besteht	erledigt am: ______ um ______ Uhr

IV Todesfall

Versicherung und Versorgung

	Zuständig	Erforderliche Unterlagen	Frist	Sonstiges	Für Ihre persönlichen Notizen
Gesetzliche Altersvers.(Bundes-/ Landesvers.-Anstalt für Angestellte oder zuständige Arbeiterrentenvers. Oder zuständige knappschaftliche Rentenvers.)	Versicherungsämter der Städte/ Gemeinden				benachrichtigt am:
Risiko-Lebens-Versicherung [aus Bausparvertrag oder Darlehensvertrag]	- aus den Unterlagen ersichtliche Vers.-Gesellschaft, an Hauptverwaltung oder Niederlassung	- Sterbeurkunde - Vers.-Police - Ggf. Beitragsquittung - Ärztliches Attest über die Todesursache	3 Tage nach Eintritt des Todes		erledigt am: um Uhr
(Private) Unfall-Versicherung (bei Unfall)	- aus den Unterlagen ersichtliche Vers.-Gesellschaft, an Hauptverwaltung oder Niederlassung	- Sterbeurkunde - Vers.-Police	i. d. R. sofortige Benachrichtigung		erledigt am: um Uhr
Sonstige Versicherungen (Hausrat, Haftpflicht, Rechtsschutz, Kfz etc.)	- aus den Unterlagen ersichtliche Vers.-Gesellschaft, an Hauptverwaltung oder Niederlassung	- Sterbeurkunde - Vers.-Police - Ggf. Beitragsquittung - Ärztliches Attest über die Todesursache	unverzüglich	Ggf. Policenordnung durchführen	erledigt am: um Uhr
Antrag auf Fortzahlung der Rente des Verstorbenen für 3 Monate	- Rentenzahlstelle	- Sterbeurkunde - Letzter Rentenbescheid	unverzüglich		Benachrichtigt am:
■ Weiterzahlung von Prämien bei Personenversicherungen zugunsten von Angehörigen	- bei Rückfragen die jeweilige Versicherungsgesellschaft	- Sterbeurkunde - Vers.-Police	unverzüglich		erledigt am: um Uhr
■ Berufsgenossenschaft (bei Unfall)	- Arbeitgeber	- Sterbeurkunde	unverzüglich		erledigt am: um Uhr
■ Sterbekasse	- aus den Unterlagen ersichtlich	- Sterbeurkunde - Police	unverzüglich		erledigt am: um Uhr
■ Krankenversicherung ■ Beihilfestellen (bei Beamten) wegen Sterbegeld	- aus den Unterlagen ersichtlich	- Beleg über Bestattungskosten - Sterbeurkunde	unverzüglich	Wird auch von Bestattungsunternehmen durchgeführt	erledigt am: um Uhr
Lebensversicherung	- aus den Unterlagen ersichtliche Vers.-Gesellschaft, an Hauptverwaltung oder Niederlassung	- Sterbeurkunde - Vers.-Police - Ggf. Beitragsquittung - Ärztliches Attest über die Todesursache	3 Tage nach Eintritt des Todes		erledigt am: um Uhr
Witwen-/ Waisenrente	- Rentenzahlstelle	- Sterbeurkunde - Letzter Rentenbescheid	unverzüglich		benachrichtigt am:

IV TODESFALL

HAUS UND WOHNUNG

	Zuständig	Erforderliche Unterlagen	Frist	Sonstiges	Für Ihre persönlichen Notizen
Zeitungsabonnement	- Zeitungsverlag		unverzüglich		erledigt am: ____ um ____ Uhr
■ Mietvertrag	- Vermieter		unter Einhaltung der gesetzlichen Kündigungsfrist		erledigt am: ____ um ____ Uhr
■ Verträge über z. B. Rundfunk	- GEZ		unverzüglich		erledigt am: ____ um ____ Uhr
Strom	- Energieversorgungsunternehmen		unverzüglich		erledigt am: ____ um ____ Uhr
Wasser	- Wasserwerke		unverzüglich		erledigt am: ____ um ____ Uhr
Gas	- Gasversorgungsunternehmen		unverzüglich		erledigt am: ____ um ____ Uhr
Telefon	- Zuständiges Fernmeldeamt		unverzüglich		erledigt am: ____ um ____ Uhr
Internet	- Provider		unverzüglich		erledigt am: ____ um ____ Uhr

IV Todesfall

Raum für eigene Notizen

IV Todesfall

Raum für eigene Notizen

IV Todesfall

Raum für eigene Notizen

Das VorsorgeBuch:

Bitte freimachen

Antwort

Akademische
Arbeitsgemeinschaft
Postfach 10 01 61

68001 Mannheim

Das VorsorgeBuch:

Bitte freimachen

Antwort

Akademische
Arbeitsgemeinschaft
Postfach 10 01 61

68001 Mannheim

Das VorsorgeBuch:

Bitte freimachen

Antwort

Akademische
Arbeitsgemeinschaft
Postfach 10 01 61

68001 Mannheim

Bestellung

Ja, ich bestelle „Das VorsorgeBuch"

Karin Meyer-Götz & JUDr. Heinrich Meyer-Götz
192 Seiten (DIN A4) ISBN 3-922146-18-x
Ich zahle nur 19,95 € zzgl. Versandkosten.

Nur Dokumente zählen!

Name

Vorname

Straße, Hausnummer

PLZ, Ort

Telefon für evtl. Rückfragen

Geburtstag

✗

Datum, Unterschrift

20014-002

Bestellung

Ja, ich bestelle „Das VorsorgeBuch"

Karin Meyer-Götz & JUDr. Heinrich Meyer-Götz
192 Seiten (DIN A4) ISBN 3-922146-18-x
Ich zahle nur 19,95 € zzgl. Versandkosten.

Nur Dokumente zählen!

Name

Vorname

Straße, Hausnummer

PLZ, Ort

Telefon für evtl. Rückfragen

Geburtstag

✗

Datum, Unterschrift

20014-002

Bestellung

Ja, ich bestelle „Das VorsorgeBuch"

Karin Meyer-Götz & JUDr. Heinrich Meyer-Götz
192 Seiten (DIN A4) ISBN 3-922146-18-x
Ich zahle nur 19,95 € zzgl. Versandkosten.

Nur Dokumente zählen!

Name

Vorname

Straße, Hausnummer

PLZ, Ort

Telefon für evtl. Rückfragen

Geburtstag

✗

Datum, Unterschrift

20014-002